神谷和宏

マンガ付き

50 coachings to move a child

教師のための

子どもが動く！コーチング50

金子書房

推薦の言葉

世の中では、景気の悪化、震災の影響、政治の混乱などが報じられています。それらの問題に立ち向かい、より豊かで幸せな世の中に変えていくには、若い子どもたちの力が必要です。そして、それを支える教師や親に期待が寄せられます。

多くの教師や親が、「子どもが動かない」「子どもがわからない」「自主性がない」などと嘆いています。しかし、どんな子どもでも本来高まりたい、成長したいという欲求をもっています。その欲求を刺激し、子どもを動かすには、ちょっとしたアイデアやコツがあります。

本書は、子どもたちに夢や希望を見出し、第一歩を踏み出させるための具体的なノウハウが書かれています。本書を活用して、素晴らしい子どもたちの底力づくりを期待します。

多湖　輝

子どもを動かしたいのであれば
「ちょっとした心がけ」をすればいい
この50のコーチングで
イキイキと子どもが動く

ちょっとした心がけと言っても
まったく新しいことにチャレンジするわけではありません。
今まで取り組んできたことを、もう一度見直すことです。
「イキイキとしている子ども」と「沈んでいる子ども」との違いは
ちょっとした教師のはたらきかけの違いです。
子どもが幸せを感じるか、そうでないかは
実は、ほんのわずかな違いです。
いつも肯定的な言葉を発しているだけでも人生のすべてが変わります。
「自分はダメだ」「そんなの無理」

と思えてしまう原因にもたどりつくでしょう。
そして、教師も子どもも
自分らしい人生を送ることができるでしょう。
さあ、50のコーチングを活かしながら、子どもがイキイキと動く姿を確認していきましょう。

本書の使い方

◎この本は、50のコーチングで成り立っています。
どうか目に留まったところから、ご自由に読み進めてください。
そして明日の仕事へすぐに活かしてみてください。

◎目次ページのタイトル下にあるキーワードは、各コーチングの水先案内となっています。ぜひ参考にしてみてください。

CONTENTS

CONTENTS

Chapter 1

子どもが動く
キーコンセプト

子どもが動くための概念や法則を、
日々の実践に活かしてみましょう。
子ども理解もぐっと深まるはずです。

Coaching
1

算数はやらないが、体育はやる。同じ子どもでもどうしてだろう。

算数の授業は、嫌々やるが、体育の授業は楽しそうにやる。給食は大好きであるが、清掃の時間になるといつもさぼっている。

そのような子どもをよく見かけませんか。どうしてそのようなことが起こるのでしょうか？　そこには、根本的な人間の**行動原理**が隠れています。まず、これを理解することが大切です。

心理学者のフロイトによると、人の心の第一の要素は「イド」であると言いました。このイドとは、純粋に快楽を求める本能的欲動の源のことです。

平たく言えば、**人は誰でも「目の前の苦痛を避けて、快楽を求める」という本能的習性があるということです。もちろん、子どももこの行動原理に従って行動します。**嫌なこと、面倒なことはやりたくないが、楽しいこと、何かメリットを感じることはするということです。

つまり、子どもを動かすための根本的な考え方は

① 不安・恐れを取り除く
② 楽しさやメリットを感じさせる

ということです。

これらを解決するにはいくつもの方法が考えられるでしょう。本書を通して、そのような解決策を考えていきたいと思っています。

子どもが動くコーチングのポイント

まず、何が苦痛になっているか、何が快楽になるかを理解しよう。

Coaching

2

子どもが感じる苦痛や快楽。そのルーツを探ってみよう。

子どもが苦痛と感じたり、快楽と感じるものの中には「思い込み」というものがあります。この「思い込み」はどこからきたのでしょうか？　その大半は、幼いときの親の影響からきています。**子どもは三歳から小学校に上がるくらいのときに「自己イメージ」というものをつくります。**当然のことながら、そのときにもっとも近くにいた人の影響を多大に受けます。多くの場合、親です。

たとえば、子どもの頃に「おとなしい子」と言われ続ければ、おとなしい性格の人という自己イメージができ上がります。そ

して、知らず知らずに「やっぱり私はおとなしい」と自己暗示をかけ続けるのです。

また、小学校に上がっても、自分の経験した成功や失敗、友人の態度などの影響で、自己イメージは強固になります。そして、自己イメージに一度定着したイメージは強力です。無意識のうちに自己イメージ通りの行動を選択するようになるのです。

「勉強は苦しいものだ」という自己イメージをもてば、勉強は苦痛に感じるようになるし、「おいしい物を食べることは楽しいことだ」という自己イメージをもてば、給食は快楽に感じるのです。

子どもが動くコーチングのポイント

子どもの自己イメージを理解するには親の子どもへの接し方を観察する。

Coaching

3

日本の子どもは自分を低く評価しています。

ここに、私が驚愕した資料があります。

二〇一一年二月に、財団法人日本青少年研究所から「高校生の心と体の健康に関する調査——日本・アメリカ・中国・韓国の比較」という資料が発表されました（次頁表）。この結果を見て、皆さんはどのように感じられたでしょうか？　意外と思われた方よりも、納得できると思われた方の方が多いのではないでしょうか。

日本の子どもは「自分への自信の欠如や自らの将来への不安」を感じているようです。そして、その結果、自己イメージ

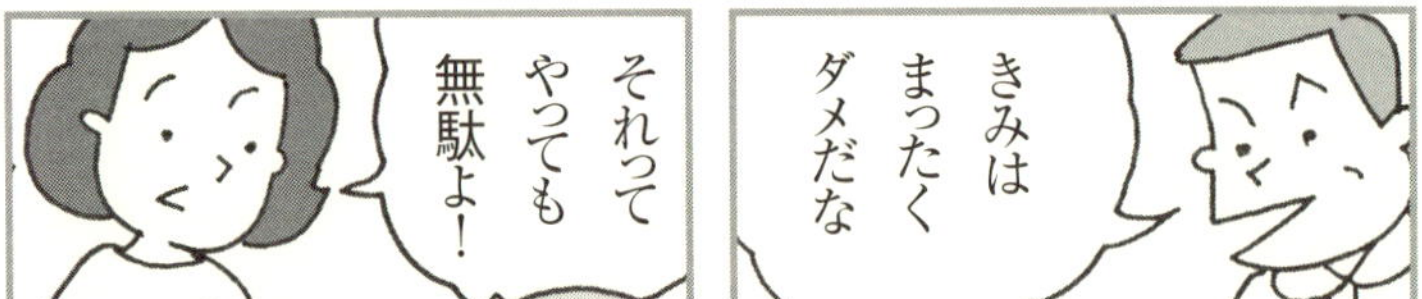

子どもが動くコーチングのポイント

子どもたちの自己イメージの低さの現状を理解しよう

が他国に比べて圧倒的に下がっています。

教育という営みは、経験を積み重ねることによって、高まっていくものです。確かに日本人としての「奥ゆかしさ」や「慎み深さ」は高まっていると言えるのかもしれません。しかし、現状のままでは、なかなか前に進もうとしない、いつも他人の様子を見ながら行動するという国民になってしまいます。

(単位 %)	米国	中国	韓国	日本
私は価値のある人間だと思う	57.2	42.2	20.2	7.5
自分を肯定的に評価するほう	41.2	38.0	18.9	6.2
私は自分に満足している	41.6	21.9	14.9	3.9
自分が優秀だと思う	58.3	25.7	10.3	4.3
親は自分を優秀と評価する	91.3	76.6	64.4	32.6
私は価値のある人間だと思う	57.2	42.2	20.2	7.5

(財団法人日本青少年研究所 ,2011 を基に筆者作成)

Coaching

4

やる気は待っていても湧いてきません。

やる気というのは気まぐれで、上がったり、下がったりします。

たとえば、この原稿を書いている今の私の気持ちも瞬間瞬間で変わります。休みの日には、下がったままです。そして、いつまでもその状態でいて、上がることはありません。

つまり、やる気は待っていても自然に高まらないということです。

では、どうしたらいいのでしょうか?

私の場合は、ノートパソコンをもって、近くの喫茶店へ行っ

て電源を入れます。やる気のことは忘れて、キーボードをたたき始めるんです。すると、どこからともなくやる気が湧いてきます。とにかく、簡単なアクションを起こさないとやる気は湧きません。

子どものやる気を起こさせるのも同じです。とりあえず、きっかけになることをつくって始めさせるのです。そうすると、次第にやる気が生じて集中できるようになっていきます。

こうした現象は、心理学者クレペリンによって発見され**「作業興奮」と言われています。何事でも、始めてからしばらく経つと、少しずつ調子が上がってきて集中できるようになる**ということです。これが作業興奮です。最初は四分と決めてもいいでしょう。四分始めるともっとやりたくなるはずです。

子どもが動くコーチングのポイント

やる気が出るのを待っていても何も変わらない。とにかく何かを始めさせる。

Coaching 5

やる気の「ある子」「中ぐらいの子」「ない子」の割合があります。

集団にはやる気のある子どももいれば、やる気のない子どももいます。

そしてこの割合が、だいたい決まっています。**これが「2・6・2の法則（パレートの法則）」です。**

①やる気のある子ども……約二割
②やる気が中ぐらいで、①③のどちらでもない子ども……約六割
③やる気のない子ども……約二割

①の子どもたちは自律的で、いろいろ革新して進歩していこうという子どもが多く、③の子どもたちは不満をもっている子

どもが多く、扇動的な役割をする子どももいます。②の子どもは同調的傾向が強く、①が優勢だと①に同調してやる気をもち、③が力を帯びてくると怠惰な集団になったり、やる気を喪失したりするようになります。

①に勢力をもたせるには、教師は子どもの期待にこたえて、①が活躍しやすい雰囲気をつくらなければならないし、③に勢力を与えないために、子どもに不満、反発をひき起こさないように注意しなければなりません。

要するに**不満の芽は小さいうちに摘み取り、リーダー性のある子どもをどんどん使う**ということです。すると、積極的に前進する集団になる可能性が高くなります。

子どもが動くコーチングのポイント

集団には「2・6・2の法則」がある。

Coaching

6

いつでもうまくいかないところに、続けさせる秘密があります。

なぜか、テレビゲームは子どもを興奮させます。ほとんどの子どもたちは、このテレビゲームの虜になって集中してしまいます。これはどうしてでしょうか？　その理由の一つとして、いつでも必ず勝つわけではないということがあります。

アメリカの行動心理学者のスキナーは、ネズミを対象に次のような実験をしました。

最初のネズミには、レバーを押すと、エサが毎回出るような仕掛けをし、あるときにピタリと与えるのを止めます。すると「ムダ」という学習をして、あるときからレバーを押さなくな

子どものテストは簡単
中学生
1
中学生VS小学生
つまらないな
2

りました。**こうした自発的行動は「オペラント条件づけ」と呼ばれます。**

次のネズミには、レバーを押すと、たまにエサが出るように仕掛けをし、あるときにピタリと与えるのを止めます。そうしたところ、このネズミは、いつまでもレバーを押すのを止めなかったそうです。エサの与え方を不定期にすると、ネズミはレバーを押し続けるわけです。

また、大人がパチンコやギャンブルにはまってしまうことも、似たような要素があります。負ける経験があるからこそ、勝ったときの印象が強烈に残るのです。だから、うまくいかないことがあっても心配するのではなく、うまくいったことがあったら思いっきりほめてあげましょう。

子どもが動くコーチングのポイント

うまくいかないことをゲームのように楽しませよう。

Coaching

7

泣くことで、体は和らぎ、心は素直になるのです。

ある人が、興味深いことを言っていました。それは、「失恋したときに、立ち直るのは、男性よりも女性の方が早い」ということです。その理由は、経験上、女性の方が涙をたくさん流しているからだそうです。涙を我慢せずにたくさん流すから、つらい状況から早く立ち直り、次の相手を見つけられるのだそうです。その点、男性は泣くのが下手だそうです。泣くことがかっこう悪いことだと思い、涙を我慢します。だから、いつまでも苦しみや悲しさを吐き出し切ることができず、吹っ切れないのだそうです。

これと同じで、**泣きたいことのある子どもは、思いっきり泣かせておくことも必要です。**つらくて泣きたいのをこらえていると、ますますつらくなることもあります。

先生に注意されて、泣いてしまう子どもがいます。すると「三年生だから、そんなことですぐに泣いていてはいけません」と言って止めさせようとしませんか？　そんなときに、自分で止めるまで泣かせて、静観するというのはいかがでしょうか？　時間がくれば必ず泣き止みます。

泣いてはいけないと考えると、ストレスに変わります。だから思う存分泣かせることです。泣くという感情は、とても自然なものです。**泣くという行為が心をとても素直な状態にしてくれます。これを心理学でカタルシス効果と言います。**

子どもが動く
コーチングの
ポイント

泣きたいときには思いっきり泣かせる。

Coaching

8

子どもの言動にあるプライドを見守ってみよう。

イソップ童話の「すっぱいブドウ」のお話を知っていますか？この童話の中に、**子どもの防衛機制の心理**が隠されています。ある日、キツネがおいしそうなブドウの木を見つけ、取ろうとしてジャンプをしますが、全然手が届きませんでした。いくら取ろうとしても、いっこうに取れないため、あきらめたキツネは「あのブドウはきっとすっぱいに違いない」とつぶやき、去って行ったという話です。

　実はブドウが取れなかったのは、キツネのジャンプ力が不足していたためです。ですが、それを認めてしまったら、プライ

今日は風邪を
ひいている人が
多かったんだ
1

ドッジボールで負けた
30
12
2

ドが傷つきます。ですから、自分が取れないことを、ブドウのせいにしました。自らの非を認めず、別のものにこじつけることで、プライドを守ったのです。

子どもの行動にも同じような面があります。

いつもは漢字のコンクールで合格するのにもかかわらず、今回は合格点に達しなかった子どもがいました。勉強量が足りなかったのは、子ども自身がよくわかっています。ひょっとしたら、「これくらいで合格するだろう」と甘く見たかもしれません。でも、自分の非を認めたくないので「昨日は忙しかった」とか「他にやることがあった」と言いわけをするかもしれません。でも、**場合によっては子どもの言いわけに騙されてあげることも必要です。**

子どもが動くコーチングのポイント

できないことをあえて他のせいにしてみる。

Coaching

9

教師と子どもの欲求の違いに気づこう。

アメリカの実業家・作家のD・カーネギーは、その著書の中で次のように述べています。

「夏になると、わたしはメーン州へ魚釣りにゆく。ところで、わたしはイチゴミルクが大好物だが、魚は、どういうわけかミミズが好物だ。だから魚釣りをする場合、自分の好物のことは考えず、魚の好物のことを考える。イチゴミルクをえさに使わず、ミミズを針につけて魚の前に差し出し、『ひとつ、いかが』とやる。人を釣る場合にも、この常識を利用していいわけだ。」

（D・カーネギー『人を動かす』創元社、一九九九）

私は、このD・カーネギーの話を聞いて、イソップ物語の「北風と太陽」の話を思い出しました。洋服を脱がせたいというときに、北風で洋服を飛ばそうというのでなく、太陽で熱くしてあげると自然と脱ぐことになるというお話です。

人は誰でも、なにか行動をするのは、自分の欲求を満たしたいためです。**そこで子どもを動かそうとするには、子どもの心の中にある欲求を見つけ、これに訴えていくことが重要なのです。**

外庭清掃の子どもに、もう少ししっかり取り組ませたいと考えたとしましょう。「しっかりやりなさい」「きちんとできないと居残りですよ」と叱咤激励するのは北風のやり方です。そこで、いろいろな草取り道具を使わせたり、ゲーム感覚を取り入れたりすることも面白いでしょう。

子どもが動くコーチングのポイント

教師の好みでなく、子どもの欲求を満たす。

Coaching

10

子どもの感覚器官には得意分野があります。

子どもがテレビゲームにはまって、勉強がおろそかになるという保護者からの訴えがよくあります。ところで、子どもはテレビゲームにどうしてそんなにもはまりこんでしまうのでしょうか?

その理由は「音（Auditory）」と「映像（Visual）」と「動き（Kinesthetic）」が駆使してあるからです。たとえば、音のまったく出ないテレビゲームをしてください。また、画像のない音だけのテレビゲームはどうでしょう。すぐに嫌になってしまいますね。また、コントローラも振動式のものが人気になってい

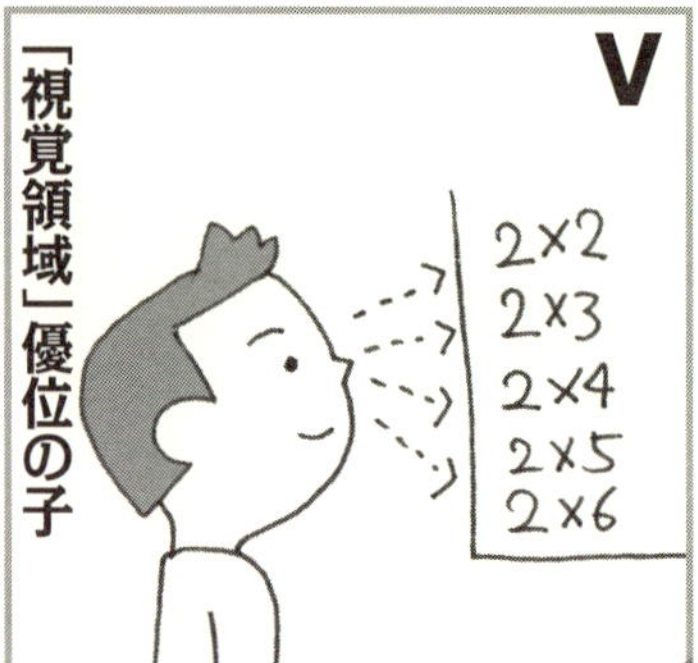

るほどです。

さて、**子どもの認知は「視覚領域」「聴覚領域」「体感覚領域」が中心です。**そして、子どもにはこの三つのどれかに優位な面があります（二つの場合もありますが）。

「視覚領域」のすぐれている子どもは、ビジュアルな映像が効果的です。

「聴覚領域」のすぐれている子どもは、美しい音楽や迫力のある音楽が効果的です。

「体感覚領域」のすぐれている子どもは、音楽や映像よりも、実際に動いてみたり触らせてみたりすることが効果的です。ですので、教師は常に三領域が満たされるように子どもと接することが、子どもに進んで行動させる大きな秘訣です。

子どもが動くコーチングのポイント

「視覚」「聴覚」「体感覚」をくすぐる仕掛けを工夫する。

A
「聴覚領域」優位の子
ににんが
にさんが
3

K
「体感覚領域」優位の子
4

Coaching

11

「行列のできる店」を見習ってみよう。

人気のラーメン店の前で行列ができているのを見たことがあるでしょう。そして、行列のできているお店を見ると、ついつい自分も並んでみたくなりませんか？

このことを「**同調行動**」といいます。

たとえば、「問題が解けた人は、ノートをもって、先生の前に並びなさい」という指導をしたことがあるでしょうか？

「できた人は、先生の前に並ぶ」

「みんなが並んでいるのだから、並ぶことに価値がある」
↓
「自分も早くやって並ぼう」

子どもは、他の子どもと同じ行動をとることで、安心感を得ようとし行動することもあるようです。

その他にも、早くできた順に名前を呼んであげる、多くやれた順に名前を掲示するなどは、教師が日常的に行っていることです。これも同調行動と言えます。

同調行動はマイナス面でも起きてしまいます。たとえば、授業中にふざける子どもがいれば、全体もふざけてしまいます。最初の一人を出さないことが肝心です。

子どもが動くコーチングのポイント

ときには、先生の前に並ばせたり、名前を発表したりしてみよう。

Coaching

12

わざと見えなくして、聞こえなくする。

「ここから入るな」とか「これを見るな」と言われると、なぜかしたくなるような経験がありませんか?

このように**禁止されると、やってみたくなる心理**を**「カリギュラ効果」**と言います。

この心理は、昔話の中にある、開けるなと言われた箱を開けてしまった『浦島太郎』や、見るなと言われた障子を開けてしまった『鶴の恩返し』などでも感じ取ることができます。

また、この効果は、いろいろなところで利用されています。

たとえば、テレビ番組で、「ピー」などの効果音をつけて発言

浦島太郎
あらま
開けちゃった〜
1

鶴の恩返し
見ちゃった
2

を聞こえなくしたり、モザイク処理をかけて映像の一部を見えなくすることにより、いっそう視聴者の興味をかき立てたりします。こうした心理をうまく子どもに使えば、嫌な課題でも取り組もうとすることが可能です。

よくこんなこともあります。たとえば、清掃の時間が始まってもお絵かきに夢中になっている子どもがいます。そのときに「先生は雑巾がけをしよう。まさし君は雑巾を使ってはいけないよ」なんて言われると、急にお絵かきを止めて、本人は「まさしも雑巾をする」と言ってやり始めます。「えっ！　まさし君はお絵かきをするんでしょ。だから雑巾は使えないよ」なんてダメ押しをすると「ごめんなさい」と謝って、次からはしっかりやることもあります。

子どもが動くコーチングのポイント

禁止を利用して好奇心を揺さぶる。

Column 1

行動力を高めるには、適度な運動が不可欠

朝、体操などで少し体を動かすだけで、一日快調に生活できるという経験をおもちだと思います。なぜでしょう？

人間の体は大半が水分でできています。性別や年齢で差はありますが、子どもは体重の約70%、大人で約60～65%です。その水分のうちで、細胞へ酸素や栄養素を運んでいくのは血液です。しかし、もうひとつ重要な水分があります。それがリンパ液です。

血液は、体中を循環し細胞の近くまできますが、酸素や栄養素を直接届けたりはしません。そこから先はリンパ液が果たします。リンパ液は細胞の隙間ににじみでて、栄養分を届け、老廃物を受け取り再び毛細血管から静脈に吸収されるのです。

リンパ液は、血液とは異なり、心臓のようなポンプの力によるものではなく、とてもゆっくりと流れ、時として流れなくなることもあります。その流れをつくるのは、臓器の動きや筋肉収縮運動、呼吸運動などです。

そして、リンパ液がよどんでしまうと、疲労やストレス、不調などを感じ、さまざまな精神的トラブルを引き起こします。当然、行動力も落ちます。

ですから、適度な全身運動を行い、リンパ液を動かしましょう。決して激しい運動を薦めているわけではありません。散歩、ジョギング、体操、背伸び、跳躍、ストレッチなど簡単な動きが有効なのです。

授業でも、ときには立ったり座ったりするなどの運動を取り入れると効果的です。

Chapter 2

子どもが動く ほめ方のコツ

やみくもにほめるのではなく、ポイントをおさえてほめてみましょう。
子どもと教師との間により強い信頼が形成されるはずです。

Coaching

13

特別ではなく、毎日のがんばりに目を向ける。

なかなか周りの人がほめてくれない、わかってくれないと思っている子どもは多いようです。そんな場合は**「自分をほめる」**という方法はいかがでしょうか?

自分をほめてみるには、大前提があります。それは「自分が好きかどうか?」です。自分のことが嫌いだという子どもは、もちろん自分はほめられません。これは、性格というよりも、どちらかというと生き方が好きということです。「『うまくいかなかった』『認められなかった』。それでもがんばっている自分は、他人が認めてくれなくたって、自分はわかっているよ」と

アトランタ
オリンピック
有森選手
はじめて自分で自分をほめたいと思います
有森
1

はい
2

いうような感覚です。

人生には無駄なことは何一つありません。どんな経験も身になっていると思うようにしていくことです。

アトランタオリンピック銅メダリストの有森裕子選手の有名な言葉を思い出してください。

「はじめて自分で自分をほめたいと思います」

彼女は、学生時代にはまったく無名であり、怪我に泣かされ苦労の連続でした。それでも、そんな自分が大好きでした。そして、一つのことを最後まであきらめないで努力し続けることができたからこそ言える言葉かもしれません。

子どもが動く
コーチングの
ポイント

自分をほめてみよう。

3
今日もよく
がんばった
4
自分をほめよう

Coaching

14

長所を書かせて、気づかせる。

まじめな子どもは、どんな場合でも自分に対して叱咤激励をしています。

「私はここがダメだった」「これが足りない」などと欠点ばかりで頭がいっぱいになってしまうことがよくあります。その結果、あの人はできるが、私はできないなどと自分を責めてしまう傾向もあります。まじめで、能力の高い子どもの陥る罠でしょう。

そこで、ときどき自分をほめさせてください。

その方法として「**自分ほめカード**」をつくらせてはいかがで

1
欠点
友だちが少ないこと
2
長所に変える
友だちが少ないということは……

しょうか？　誰でも、たくさんの長所をもっています。それを思いつくままにカードに書き出させるのです。カードを五〇枚用意して、カード一枚につき、ほめ言葉も一つです。なかなか、五〇枚書ききれませんが、同じ内容でも表現が違えば構いません。多く重なる内容はそれだけ、自分の本質を表していると考えられるからです。たとえば、次のように自分を観察させてみましょう。

「のんびりしているようだけれど、周りに気遣いしているんだよ」「口げんかをする方だけど、友だちは多く、親友もいる」

そして、よく当てはまっている順番に並び替えさせてください。すると、自分自身が元気になると同時に、自分の大切にしていることや、やらなくてはいけないことが見えてきます。

子どもが動くコーチングのポイント

自分ほめカードをつくらせよう。

3
そうだ
「自分ほめカード」を
つくろう
4
自分ほめカード

Coaching

15

心の琴線につながっているとよいほめ方ができます。

友人に映像制作会社のカメラマンがいますが、とてもほめ方が上手です。彼の手にかかるとタレントやモデルがイキイキと演技して、素晴らしい撮影ができます。その撮影では、ほめる回数が圧倒的に多いようです。そしてよいところを内面から引き出すように努めています。

このテクニックは子どもを指導する場合にも応用できます。

「今日の授業の意見、冴えていたよな」だけでも、その意見が素晴らしかったニュアンスは伝わります。さらに効果的なほめ方は「あの意見、誰も気がつかなかったよね」というように、

1
直接ほめる
最近、ゆうくんがんばってるねー
2
学級でほめる

子どもが動くコーチングのポイント

ほめ方のバリエーションを増やそう。

その子どもが一番先に気づいたように口にすることです。

子どもには心の琴線があります。**具体的な事実が琴線につながっているとよいほめ方になります。ほめ方のバリエーションを増やしてください。**

特に子どもの心に響くほめ方には、他にもこんなものがあります。

・子どもがあらかじめほめてほしいと感じていることをほめる。
・他の子どもにはなく、その子どもにしかない唯一の点をほめる。
・教師が見ていないときのできごとをほめる。
・子どもの努力によって、結果を出したことがらをほめる。

友だちを通してほめる
最近、ゆうくんがんばってるよねー
3
親を通してほめる
そうですか〜
ゆうくんがんばってますよ
4

Coaching

16

結果ばかり重視しているとほめられません。

子どもの結果だけを見てほめる教師がいませんか？

たとえば、「一〇〇点を取ったらほめよう」「試合に勝ったらほめよう」というような具合です。

　すると九九点はほめるに値しません。そのようなとき、つい「あと一点だったのに残念だ！」と嫌みの一つも言う教師もいるかもしれません。そして、子どもは、いつまで経っても教師から声をかけてもらえず、ほめてもらえず、やる気を失ってしまうこともあるでしょう。

　ほめるということには、今ほめたことが子どもの心にどんな

影響を与え、後にどうつながるかと考えることが大切です。

　上手な教師は、過去、現在、未来の点と点を線でつなぎ、現時点がその子どもをほめるタイミングとして適しているか。その過程を見てほめます。

　結果を見てほめる（点でほめる）という考え方は、評価基準が他人軸です。すなわちトップに立たないと、いつまで経ってもほめることに値しません。

　しかし、**過程でほめる（線でほめる）というのは、評価基準が自分軸です。**昨日よりも少し成長した今日、今日よりも少し意欲的に取り組める明日、というように自分の成長を確認しながら成長できます。だから、落ち込むことも少ないのです。

子どもが動く
コーチングの
ポイント

過程を見て、成長をほめよう。

3
99点
今日
72点
昨日
昨日より
がんばりましたね！
4
点ではなく
線でほめるんだ

Coaching

17

短所に注目すると、長所がなかなか見えません。

子どもにはいろいろなタイプがあります。

それぞれが長所も短所ももっていますが、子どもを動かすという観点で考えると、子どもの長所を中心に注目することが大切です。

子どもを伸ばすことがうまい教師は子どもの長所を見て、短所を見ないようにしています。短所ばかり見ていると、安心して子どもに任せることはできません。結局は何もしない方が安心と感じ、ものごとがストップしてしまいます。だから、**長所を中心に考え、長所をさらに伸ばす**という考えをもちたいで

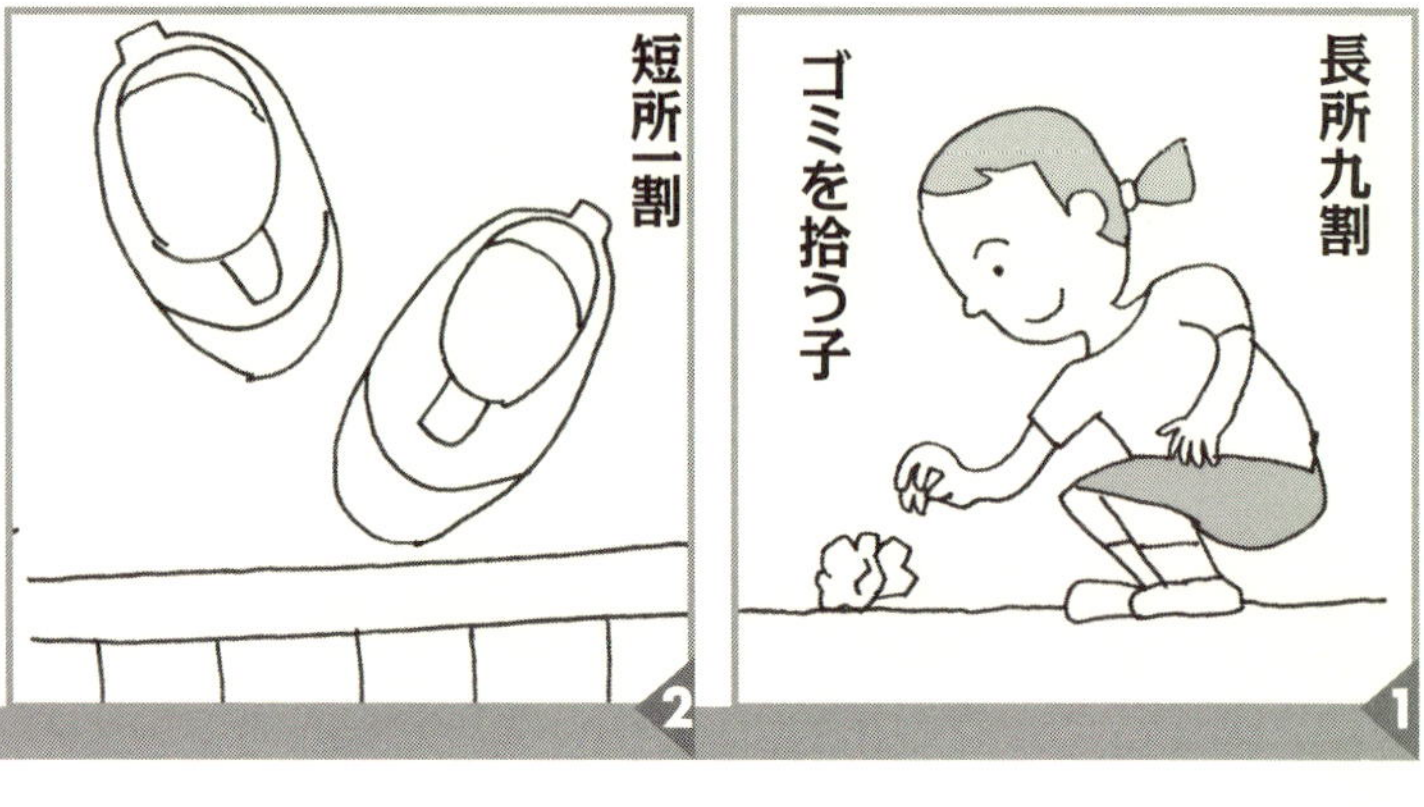

す。仮に短所があったとしても、それを取り除くように心がければいいのです。

大方、長所を見ること七割、短所を見ることに三割と言われる人が多いのですが、私は長所九割、短所一割でもいいのではないかと思っています。

そして、「減点法」をやめ**「加点法」**を取り入れましょう。「今日は元気なあいさつだった」「隣の子の消しゴムを拾ってあげた」「子どもから先生に声をかけてきた」「筆箱を忘れなかった」など……そんなことでいいのです。それらを積み重ねていくうちに、その子らしさが見えてきて、いずれ長所にも気がつくことができます。

子どもが動くコーチングのポイント

簡単な長所を九割伸ばすことで短所の一割は消える。

もっと
長所を
見よう
この子たちは
なんて
すばらしい！

Coaching

18

「物」をプレゼントすることで「心」もプレゼントできます。

小さな**ご褒美をプレゼントする**ことも有効です。「物」より「心」の方が大切なことは言うまでもありませんが、「物」が上手にメッセージを伝えることもできます。

先生方のなかで、物をあげるなんて教育じゃない、邪道であると力説される方もおられますが、そういう先生でも結構自分にご褒美をあげたりしています。たとえば、今日一日仕事をがんばったから「ビールで乾杯」とか、次のボーナスまでがんばったら、「新車に買い換えよう」などとやっていますね。

私の友人で、人脈づくりの達人と言われている人は、ことあ

できました！
じゃあ、シールあげるね

できました！
はなまるだね

るたびに、本や物を贈ってきます。会えば、飴とか、せんべいなどがカバンから出てきます。高価な物ではありませんが、それだけでその人のことが好きになってしまいます。

子どもたちでも同じようなことが言えます。

物をもらえるということは嬉しいことです。たとえば、上手にできたら、「ご褒美シール」をあげるとか、「はなまる」をつけてあげるだけで、子どもは喜びます。そして、それだけでやる気が湧きます。常に何かご褒美を準備しておきましょう。

ちなみに、私はアニメキャラクターと「ありがとう」という文字の書いたカードを携帯し、がんばっている子どもにプレゼントしています。

子どもが動くコーチングのポイント

小さなご褒美を準備しておこう。

3
もっと、がんばる！
4
シールとはなまる
いいね

Column 2

夢が実現しない、ただ一つの理由

「夢は実現する」「思考は現実化する」と言われます。

しかし、夢が叶わなかったとしたら、その理由はたった一つだけです。

なんだかわかりますか？

それは、あなた自身が夢に向かう努力を止めてしまったからです。どこかで、夢に対する努力を放棄してしまった瞬間があるのです。それ以外の理由は考えられません。

夢が叶わない理由は、「あなたがあきらめてしまった、努力することを放棄してしまった」としっかりと受け止めてください。

では、なぜあきらめてしまったのでしょうか？

おそらく、知らず知らずに、数え切れないほど「なぜできない？　自分には無理なのか？」と自問自答してきたことでしょう。その結果、「自分には才能がなかったんだ。運がなかった。目標が大きすぎて、自分の手の届くものではなかったんだ」といつの間にか、何度も自分に言い聞かせ、できない理由にしてしまったのではないでしょうか。

何かの機会に、再び夢を思い出し、また努力をし始めるのも、「そんなにやっても、どうせ無駄さ」とささやくもう一人の自分に負けてしまっているだけなのです。その連続が、現在の自分自身をつくっています。

夢というのは、あなたを裏切ったり、見捨てたりするものではありません。夢に背を向け、夢を裏切るのは、どんなときでもあなた自身なのです。

夢は、あなたがあきらめなければ、必ず実現します。

Chapter 3

子どもの特性を伸ばす

子どもの特性をよいほうへ
引き出し、導いてあげましょう。
かかわりのなかで、
子どもは勇気をもっていくはずです。

Coaching

19

生まれつきの才能より大切な才能があります。

他人と比較して自分の能力は劣ると感じ、劣等感をもつ子どもがいます。

そして、自分にはやはり生まれつきの才能がないからダメなんだと感じ、努力しようという気をなくしてしまいます。しかし、「生まれつきの才能があるなしの違いは、それほど決定的なものではない」ということが理解できれば、やる気をもたせることができます。

たとえば、トーマス・エジソンは世界的な発明家として有名ですが、大変な健忘症だったようです。そのため学校の成績が

わるく、いつでもビリでした。学校での教育ではどうにもならないので、母親が家庭で教育することになり、その結果、数学や科学に興味をもつようになりました。母親の愛と熱意で興味が高まるにつれ、才能を現すようになっていったようです。

生まれつきの才能よりも、その後に身につけた才能のほうがはるかに人生を豊かにします。では、どうやってその才能を開花させるのでしょうか？

それは、**本当に好きなことを見つけさせることです。**好きなことであれば、自ずと一生懸命取り組みます。その中で自分の使命を見つけていくこともあります。そして、自分の才能も開花することができるでしょう。要するに、与えられたことでなくて自分で、好きで取り組むことが才能開花につながるのです。

子どもが動くコーチングのポイント

才能は好きなことを努力することで開花させることができる。

Coaching

20

どんな子どもにも二面性があります。

世の中のいわゆる成功者と言われている人は、間違いなくプラス発想ができる人です。プラス発想は世渡りの必要条件です。そうはわかっていても、どうしてもマイナス発想をしてしまうことがあります。これが難しいところです。

マイナス発想はダメだなんて考えると、頭の中にはかえってマイナス発想が生まれてきてしまうことがよくあるからです。そこで、あえてプラス発想とかマイナス発想があると考えないで、「どんなものごとにも二面性がある」と理解させたらいかがでしょうか?

ものごとには、表と裏、昼と夜、陰と陽のように二面性があります。よい面がある反対にはわるい面もあるのです。

たとえば、「物静かな子ども」は他の子どもから見ると「慎重で冷静な子」と捉えているかもしれません。「宿題をよく忘れる子」も「ものごとに動じない子」と考えることもできるでしょう。「行動力がないと思われている子」も、実は「慎重に考えている子」と捉えることもできます。

失敗するとか、うまくいかないというのは確かにマイナスですが、この失敗を契機に欠点に気づかせ、改善、進歩できれば、立派なプラスと考えることができます。このよい方の面で輝かせてあげましょう。

子どもが動くコーチングのポイント

光と影があったら光に目を向けよう。

慎重だ
おとなしい
子どもはわるい面と同じくらい
よい面もあるんだ

Coaching

21

コンペイトウのカドばかり削ると行動力も削ってしまいます。

ある先生は話の中で「あの子はコンペイトウのようにカドが尖ってばかりで困る。始終けんかばかりをする。集団生活には向かない」と言われていました。

私は「今は、大変な思いをしているだろうが、本当にカドを丸くしなければいけないのだろうか？」と疑問をもちました。

私は、**コンペイトウのカドの一つ一つがその子どもの個性であると思っています。**誰もが、認められたい、わかってほしいという心の表れがカドになって見えるのです。コンペイトウのカドを丸くすれば、円満な子どもになり、確かにトラブルは減るで

しょう。しかし、エネルギーは確実に下がるでしょう。夢ももてない、スケールの小さな子どもになってしまわないでしょうか。今のままでよいので、正しく、真心をもって接していけば、やがて大きくなっていったときには、くぼみも埋まってくるのではないでしょうか。そしてその結果、全体的に丸みを帯びてくるかもしれません。しかし、違うのはその大きさです。結果的にスケールのまったく違う大人になっていくでしょう。

たとえば、子ども時代には、他の子と少し違った派手目の赤い服を着てくる男の子がいました。また、髪を長く伸ばしていました。多くの教師は「もう少し子どもっぽい服を着てきてほしい」と考えていましたが、現在では国内で結構有名なデザイナーとして活躍しています。

子どもが動く
コーチングの
ポイント

カドを削ると小さくなる。くぼみを埋めて大きくしよう。

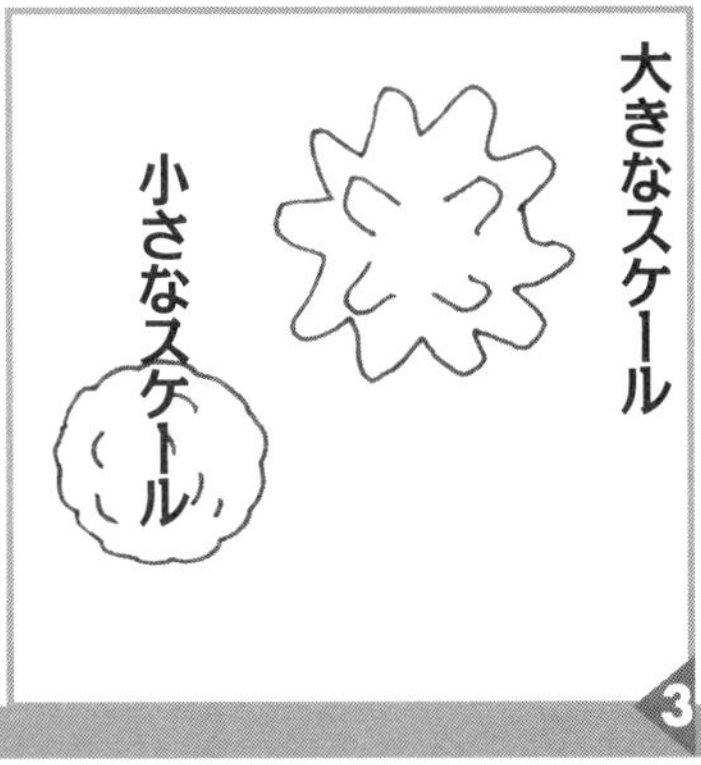

大きなスケール
小さなスケール
3

コンペイトウのカドは人の個性なんだ
4

chapter 3 子どもの特性を伸ばす

Coaching

22

少しくせのある子ぐらいがちょうどいいのです。

今から、二、三〇年前の中高生の中には「番を張る」とか「つっぱり」「ヤンキー」などと呼ばれる子どもたちがいました。しかし、今はこんな言葉はほとんど聞きません。替わりに「草食系」とか「無気力」という言葉が盛んに使われる時代になりました。社会の変化とともに、子どもたちの行動様式も変わってきているのでしょう。

ところで、私は少しくらいくせのある子どもの方が頼もしいと思っています。才能のある子どもは、多少のくせがあり、わる知恵もはたらきます。表に出ないように裏で糸を引くことも

あるでしょう。私の友人も（もちろん全員ではありませんが）元ヤンキーと言われるような人が、会社経営やボランティア活動を真剣にやっていたりします。また、人がうらやむような結婚生活を送っている人もいます。

このような子どもたちは、一般的に行動力もあり、よく動きます。そして、彼らは失敗も多いし、人生の裏もよく経験しているようです。このような子どもは一般的に排除されがちですが、実は大きな力をもっているのです。

重要なのはわるい面を表面に出さないようにして、よい面を出させるようにすることです。**よい方向にエネルギーを向かわせるのです。**これは、周りの教師の手腕・力量にかかっているといえるでしょう。

子どもが動くコーチングのポイント

行動力のある子はくせがある。くせを活かして行動させよう。

3
活躍してる子
無気力な子
4
くせがあるってことは
行動力があることなんだ

Coaching

23

子どもはどんなときに意地悪になるのでしょうか？

どんな人でも、気持ちが高まるときもあるし、逆に落ち込むときもあります。他人に対して意地悪な気分になってしまうこともあるでしょう。子どもならなおさらです。

私の場合は、お金もちぶって「私には怖いものがないぞ」と言わんばかりの態度をとる人が大嫌いでした。しかし、これは、明らかに「私のコンプレックスが裏返しになったもの」でした。簡単に言えば、貧乏で自信のない男のひがみだったのです。

子どもにとっても意地悪な感情が生まれるときは、**その子の**

「ウィークポイント」や「コンプレックス」を誰かが増強させ、**ちょっとした痛みが走ったときです。**平たく言えば、痛いところを突かれたときです。

だから、ウィークポイントは、その子どもがどんなときに意地悪になるかを見ればすぐにわかります。

たとえば、教室で順番に並ぶのが嫌で、すぐに割り込みをしてトラブルを起こす子どもがいたとします。ひょっとすると家庭において、兄弟で比較されていつも嫌な思いをしているのかもしれません。友だちをいじめる子がいたとします。家庭で虐待を受けているかもしれません。そのような視点で子どもを観察すると、対応の仕方も変わってきます。

子どもが動く
コーチングの
ポイント

トラブルや意地悪は、コンプレックスを教えてくれる大切なサインです。

Coaching

24

得意なことなら、ナンバーワンにもなれます。

子どもにとって、あるものと、ないものがあります。それは、得意なものと不得意なものです。たとえば、勉強と運動のどちらかが得意で、どちらかが不得意のようなものです。もちろん両方とも得意であってもいいわけですが、すべての面が得意で、なんでもできるという子どもは少ないでしょう。

得意なことと不得意なことがよくわからないと、あまり得意でないことに力を入れたりすることがあります。すると、結果的にうまくいかなかったり、周囲に迷惑をかけたりすることも

ありますそして、理由もよくわからないのです。

たとえば、親が音楽家であると、子どもは音楽が得意でなくても(好きでなくても)「あなたは音楽の才能があるから」と言って、音楽を教える親が結構います。もちろん、うまくいく場合も多いわけですが、無理にやらされていると感じる子どもも少なくありません。

教師の手腕は、**子どもの得意なことを見きわめることができるかどうか**です。そして、それに**徹底的に取り組ませてください。**あれもこれもできるという器用さがなくても、得意なことを手を抜かずにやることで、高い評価を受けることもできます。得意なことであるから、ナンバーワンになるくらいの意気込みがほしいです。

子どもが動くコーチングのポイント

得意なことに全力で取り組ませよう。

Column 3

明確な目標をもてば、何をしたらよいのかが自然に見えてくる

中学校の理科の授業で盲点の学習をしたことがありますよね。眼球の中の視神経の付け根にはわずかなくぼみができ、光を感知できなくて盲点と呼ばれているところがあります。眼には見えない部分が存在するのですが、通常両眼で見ているのでそれが補完されています。

さて、心理の世界にもこの盲点があります。これをスコトーマ(scotoma)と言います。普段の日常生活には、見えないものがいくつもあるのです。そして、見えていないことすらわかっていないのです。

たとえば、私はプロジェクターを使っている授業や研修会でこんな質問をします。

「今まで、一時間ほどこの教室にいますが、このブーンというプロジェクターの音は聞こえていましたか？」。ほぼ、全員の参加者は「聞こえていなかった」と答えます。これがスコトーマです。そして、その一言を聞いた瞬間から、プロジェクターの音がなんとなく耳障りになることもあります。今まで意識しなかったことでも、意識した瞬間に新しい気づきが生まれるのです。

普通、夢や目標をもつ前には、何をどうしたら実現するのかがわからないものです。もし、やり方が始める前からわかっているとしたら、まだスコトーマの中にいます。方法がわからない目標をもつことでスコトーマは外れるのです。そして、具体的かつ明確な目標をもって、「自分はどうしてもこうありたい」と覚悟した瞬間に、何をしたらよいのか、その具体的な実現方法が見えてくるのです。

Chapter 4

子どものチャレンジに寄り添う

教師は、子どものチャレンジに
寄り添ってみましょう。
子どもは、自信をもって
一歩を踏み出し始めるはずです。

Coaching

25

大きなことより簡単なことから始めさせよう。

人は恒常性（ホメオスタシス）という機能をもっています。

ホメオスタシスとは、生体の内部や外部の環境が急激に変化しても、自動的に元に戻そうとする機能のことです。

たとえば「体温が一定に保たれる」「体の血圧が保たれる」「体内の水分や、体液の浸透圧が保たれる」「傷口が自然にふさがる」「ウィルスなどの病原微生物を身体から排除する」などです。

このことは、日常生活でも作用します。ダイエットを始めた経験のある方ならわかると思いますが、二、三日すると嫌になってしまったりするのはそのせいです。

子どもが動く
コーチングの
ポイント

簡単なことを毎日続けさせよう。

たとえば、「日記を書く」という習慣を身につけさせたいとしましょう。決して無理はさせないことです。仮に「二〇〇文字以上書く」などと決めてしまったら大変なこともあります。子どもにとっては、毎日話題が続かないかもしれません。

ですから、「一言でもいいから毎日書く」。これくらいならできるはずです。

ポイントは、**分量や回数を目標にするのではなく、「続ける」ことを目標にするのです。**こうして、どんなことでも簡単にできることから始めて、それが楽々できるようになってからレベルアップをします。小さなレベルアップも積み重なれば、大きな進歩になります。

Coaching
26

完璧にこだわるとなかなかスタートできません。

「ダメもと」という言い方をしますが、最初の一歩を踏み出すには大切な考え方です。

ものごとに躊躇しているときの心理状態は、「やるからには絶対に成功しなければ」というような使命感です。もちろん成功した方がいいに決まっていますが、失敗もあります。だから、一歩を踏み出すときには、敷居を下げた方がいいのです。

ダメで当たり前。そう思っていれば、たとえうまくいかなくても、落ち込む度合いは少ないです。そして、次の手を打ちやすくなります。

1
よし、ダメもとでやってみよう
2

そして、「ダメもと」には「緊張しすぎてはいけない」という戒めの意味合いも込められています。**「ダメもと」は「あきらめ」を表しているのではなく、「リラックス」をしたらいいと訴えているのです。**

ダメもとで取り組んでみると、結果的にうまくいかないことが多いことは事実ですが、不思議なことに次の一手が見えてきます。しかし、「ダメだ」と考えて何もしないところに進歩はまったくありません。教師として本当に教えなければいけないことは、「転んでも立ち上がる」「失敗をしても、不本意なことがあっても、そこから、立ち上がればいい」ということではないでしょうか。だから、「ダメもと」でもやることが大切なのです。

子どもが動くコーチングのポイント

「ダメもと」でスタートさせよう。

3
うまいな！
4
ダメもとなら、緊張なく取り組める

Coaching

27

どんなことでもはじめの一歩があります。

どんな遠いところへ行くときでも、どんな高い山に登ろうとも、必ずはじめの一歩があります。この一歩を踏み出せば、二歩目がついてきます。

私は、ときどき近くの公園をランニングしますが、いきなり五周も走ろうと思うとなかなか行く気が湧きません。「今日は一周だけにしよう」という軽い気持ちでいると、行こうという気になります。そして、不思議なことに一周走ってみると、二周目も走ってみようという気になります。すると、五周走ってしまうことも多いのです（実際一周で帰ってくることもありま

すが)。

はじめの一歩をためらっていたら、ずっと何もできないでしょう。一度だけの人生、夢や幸せを実現させるためには、まず一歩を踏み出さないといけません。今、まだ何も成し遂げていないのであるならば、**勇気をもって一歩を踏み出させてほしいのです。**疲れたら休んでもいいのです。

そして、この一歩目は小さな小さな一歩でも構わないのです。オリンピックを目指したい子どもなら、「体操服を着て外に出る」「近くの公園まで行ってみる」「憧れの選手の写真を見てみる」「道具を手入れする」「着替えをきちんと整理する」……などです。とにかく一歩歩み出すということです。この一歩は、輝かしい未来につながっています。

子どもが動くコーチングのポイント

一歩を踏み出させれば自然と二歩目がついてくる。

Coaching

28

他人との比較は劣等感を生みます。

子どもがもっともやる気を失う原因の一つに、他人との比較があります。

私自身もそうでした。「お兄さんはこれくらいできたのに……」と言われた瞬間に逃げ出したくなりました。

さらに、私の知人で学校で二位の成績を取ったにもかかわらず「俺はダメだ」と自殺してしまった人もいます。世の中には上には上があります。いつまでも、他人と比較していると、進歩や自己成長を感じられません。必ず劣等感が生まれます。できない自分にもどかしさを感じるときもあるでしょう。

昨日
一〇回
今日は
二〇回できた

「勝ちぐせ」という言葉があります。「勝って、勝って、勝って、勝ちまくる」。確かに、素敵なことだと思いますが大変なことです。ストレスもたまります。

しかし、永久に勝ち続けることはありえません。

同じ比較をするのであれば、昨日の自分と比べさせましょう。これを、「**価値ぐせ**」と言います。これは、昨日までの私より、今日が少しだけ「価値を高める」ということです。毎日、毎日、ほんの少しでもいいから、自分の価値を高めるのです。

昨日よりも今日はどこがよかったか？　何ができるようになったか？　何を認められたか？　を努力させましょう。

大きな変化はありませんが、毎日の小さな積み重ねを続けることで、大きな成果になるのです。

子どもが動くコーチングのポイント

昨日よりも今日の進歩に目を向けさせよう。

3
未来は……
一〇〇回でもいけるぞ！
4
最近、がんばってるな

Coaching

29

欲求不満が続くと、欲求そのものが萎えてしまいます。

こんな実験があります。

水槽の中にカマスという魚と餌になる小魚といっしょに入れておきます。カマスは小魚を餌として食べます。しばらくして水槽の真ん中にガラスのしきりを入れ、カマスと小魚を別々にします。カマスはお腹がすいてくると小魚を食べようとしますが、しきりにぶつかって食べることができません。こういう体験をある一定期間行なっておいて、今度はガラスのしきりを取り除いてみます。カマスは小魚を喜んで食べそうなものですが、目の前にいる小魚を食べようとせず、だんだんやせ衰えて

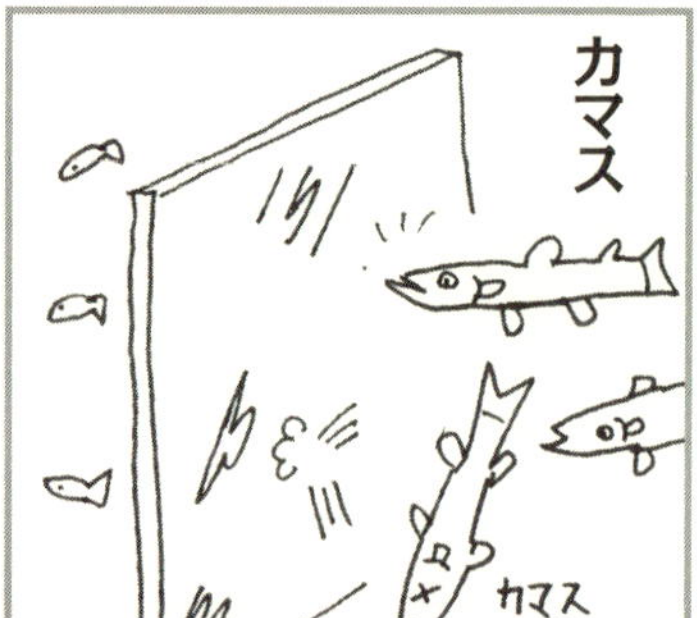

死んでしまうそうです。

欲求不満状態を一定期間体験すると、欲求そのものが萎えていくようです。

子どもたちは、自分の理想を実現したいという夢をもっていますが、この夢を実現できない環境に長くおかれていると、夢を失ってやる気が失われていきます。

ではどうしたらよいのでしょうか？

それは、**小さなことでよいので成功体験を積み重ねさせること**です。実際に身をもって成功を体験させることです。つまり、目標は大きくてもよいので、日々取り組めることはできるだけ**スモールステップ**にして取り組ませましょう。

子どもが動くコーチングのポイント

日々の行動はスモールステップで取り組ませよう。

3
どうしてカマスは餌を食べないの？
?
そうか思い込んでなくて、やってみよう！

4
きっと野球選手になる！

Coaching

30

失敗すれば、次は成功に近づきます。

多くの学校教育では、できるだけ失敗をさせないように指導を工夫します。失敗を繰り返すと、あきらめぐせがつくと考えられているからです。しかし、本当にそうでしょうか？

西洋では、会社を倒産させてしまった人や一文なしになってしまった経営者などが、ビジネスで重人として扱われます（日本ではダメ経営者とみられますが）。それは、会社を倒産させてしまった経験が経営に活かされることを知っているからです。反対に、失敗もしなかった経営者は評価が低いようです。それは、失敗もしたことがない人ということは、まったく大き

なチャレンジをしたことがない人と考えられているからです。

勉強でも、一度くらい失敗すれば（そして、その原因を究明すれば）失敗から抜け出す方法を学びます。だから、失敗体験の少ない子どもは成功しないと言えます。**失敗することで、ものごとの本質を見きわめることができるのです。**失敗を経験しないでうまくいった子どもは、何も考えなくなります。しかし、失敗した子どもは、次は失敗しないように何倍も考えます。考える習慣が身についているので、別の失敗をしても、問題点を探し出すことができます。

失敗の経験をしていない子どもは、いざ失敗したときにどうしていいのかわかりません。何をどう考えたらいいのか見当もつかないのです。

子どもが動く
コーチングの
ポイント

喜んで失敗を受け入れさせよう。

3
いざ
リベンジ
リベンジ
1対0
4
負けても
しっかり理由を
考えれば
いいんだ

Coaching

31

失敗を認め、ジャンプ台にさせよう。

子どもたちが失敗したときに、自分の非にしないで、「お母さんがこうしてくれなかったから」とか「○○ちゃんのせい」とか、他人に転嫁することが多く見受けられます。子どもにとっては、このことで、自分は傷がつかなくてすみます。

そして、自分の欠点は曖昧になって、再び同じ失敗を繰り返したり、いつまでも欠点が障害になって進展しないことがあります。

このようにまでしても、失敗を認めたくないのは、「失敗を認めると自分の心が痛むから」「失敗は大きなマイナス点であ

遅刻の子
お母さんが
起こして
くれないから……
1
消しゴム
もって
ないから……
2

る」と受け止めているからです。

本田技研工業創設者の本田宗一郎は「あの果敢な失敗を経験してなかったら、（中略）ちっぽけなホンダは消えていただろうと思う」（本田社史50年）と述べています。一流になれた要因は、**失敗のたびに自分の欠陥を発見し、改善して、自分の飛躍のジャンプ台にした**からです。

有名なエジソンの逸話も同じです。電球のフィラメントになる物質を発見するために一万回以上も失敗してきました。その上に、成功があるのです。そして、「成功の九九％は、今までの失敗の上に築かれる」という名言まで残しました。一度や二度の失敗でもうダメだと思わせないように、失敗をジャンプ台にさせよう。

子どもが動く
コーチングの
ポイント

失敗は自分を見直すいい機会です。

3
明日は自分で起きるぞ！
4
よし、忘れ物をなくそう！

Coaching

32

うまくいかないときは、思い込みにしばられている。

コロンブスがアメリカ大陸を発見して帰ったときの話です。彼の偉業にケチをつけた男に対して「あなたは卵を立てられますか?」と質問しました。相手に試みさせ、いくらやっても立てられない卵を手にとって、床にぶつけて底をこわし、みごとに立てて見せて、相手をへこませたという逸話があります。コロンブスはなかなかアイデアの才能があったといえます。卵を立てようと思っても、なかなか立てられないのは、卵とは立てられないものだ、割ってはいけないものだという**思い込みがある**からです。こういう思い込みをもっていると、最初から絶望

的になり、頭が硬直してうまくはたらきません。だからいいアイデアが湧かないのです。

たとえば、陸上競技で持久力をつけたいという子どもがいたとしましょう。持久力をつけるには、毎日相当の距離を走らなければならないでしょう。しかし、毎日同じ練習メニューをこなそうとしても飽きてしまいます。走るコースを変えたり、休憩の取り方を変えたり、ボールを使いながら走ったり、砂浜や高原を走ったり、ときには水泳に変えたり、練習のアイデアの工夫は無限大にあります。

いろいろ考えてアイデアを生み出せるようになると、頭をはたらかせるのがおもしろくてしょうがなくなるでしょう。そして、挑戦することが楽しくなるはずです。

子どもが動くコーチングのポイント

アイデアが生まれると、行動が楽しくなる。

3
くるくる
4
アイデアがあると、楽しいんだね！

Coaching

33

お説教や要求だけでは、子どもの心には響きません。

子どもに何かをさせたいと考えるとき、どのようにするでしょうか？　結局押しつけたり、無理に説得しようとしていませんか。

たとえば、私はカレーライスが好きで、カレーライスを食べると幸せな気分になります。しかし、ペットの犬はカレーライスを食べません。替わりに骨のついた肉を好んで食べます。

子どもを動かすのも、同じことが考えられます。つまり、その子の好む物を提示し、手に入れる方法を教えてあげることです。

たとえば、子どもにジュースの飲みすぎを止めさせたいときなどにも応用できます。「ジュースばかりダメ」と説教ばかりしたり「糖分の摂りすぎは健康にわるい」と訴えるだけでは効果は薄いようです。スポーツ選手になりたい子どもであれば、「一流のスポーツ選手は、カロリー計算をして、ジュースばかり飲んでいたりしない」ことを示せば効果があります。

勉強をさせたいときであっても同じです。「勉強しなさい」と強要してばかりでは、勉強するようになりません。勉強することで得られる**メリットを感じさせること**です。その背景には、子どもがどうなりたいのか、どのような状態になると幸せを感じるのかを日頃から観察しておくことも必要なことです。

子どもが動くコーチングのポイント

子どもの欲しいもの、メリットを意識させよう。

3
一流のスポーツ選手
STAR
4
なるほど一流のスポーツ選手は、
ジュースばかり飲んではいないんだ！

Coaching

34

見えないゴールにこそ意味があります。

いろいろなことになかなかスタートできない子どもは、ゴールが見えないことによる不安があることがあります。しかし、最初からゴールを明確にしようとすることは、困難です。

たとえば、学校のゴールは卒業だと思うかもしれませんが、本当のゴールは「卒業するときに、子どもがどのように成長しているか」なのです。入学したときにはもちろん、どう成長するか、**可能性は未知数**です。

ところが、ほとんどの子どもたちが、「不安があることも人生の一部」とはなかなか考えられません。ゴールが見えないの

入学式
皆さんは何がしたいですか?
1
いますぐわからなくてもいい
2

が不安で、その不安をできれば避けたいと考えています。そして「それならいっそ、スタートしなければいい」と考えてしまうのです。

ゴールが見えないのは不安ではなく、希望なのです。先が見えていない分、可能性がいっぱいあるということです。最初からゴールがわかっている、そこに至る方法もわかっているという場合は、ゴールが近すぎるようです。

山登りを考えてください。登っていく途中は、山頂が見えません。苦しみながら、試行錯誤をしながら、それでもひたすら登っていく中で、あるところから突然パッと山頂が現れます。

どうも、ゴールとはそういうようなもののようです。

子どもが動くコーチングのポイント

見えないゴールを、無理に見させず、とにかくひたすら登り始める。

3
とにかく
毎日のことを
しっかりやろう！
4
二年後
僕は運動が好きだから、
野球選手になろう！

Coaching 35

目的は、目指すべき「的」、目標は、目的を達成するための「標」です。

目的と目標の違いを知っていますか？　目的と目標は混同されて使われる場合がありますが、実はまったく別の位置づけなのです。

「目的」とは、目指すべき「的」です。どの方向に目指していくのか、その的を示しています。「目的」とは最終的に到達したい**成功のイメージ**です。

そして、**「目標」とは、その的を目がけて、どこまでやるのか？　という「標」が目標となるのです。**目的を達成するために、具体的に何をするのかということです。それらを明確にす

る必要があります。

たとえば、子どもが競泳をやっていたとしましょう。

目的……「速く泳げるようになりたい」

目標……「地区大会で優勝したい」

私のイメージとしては、目的は大空に輝く星のような存在です。あんなふうになれたらいいなあと、憧れをもっていつも進んでいく道程のようなものです。そして、目標はその星にかかっている階段です。この階段は下の方しか見えないけれど、必ず星までつながっています。それを一歩一歩確実に踏み上がっていくことです。目的達成には、この両者が必要なのです。

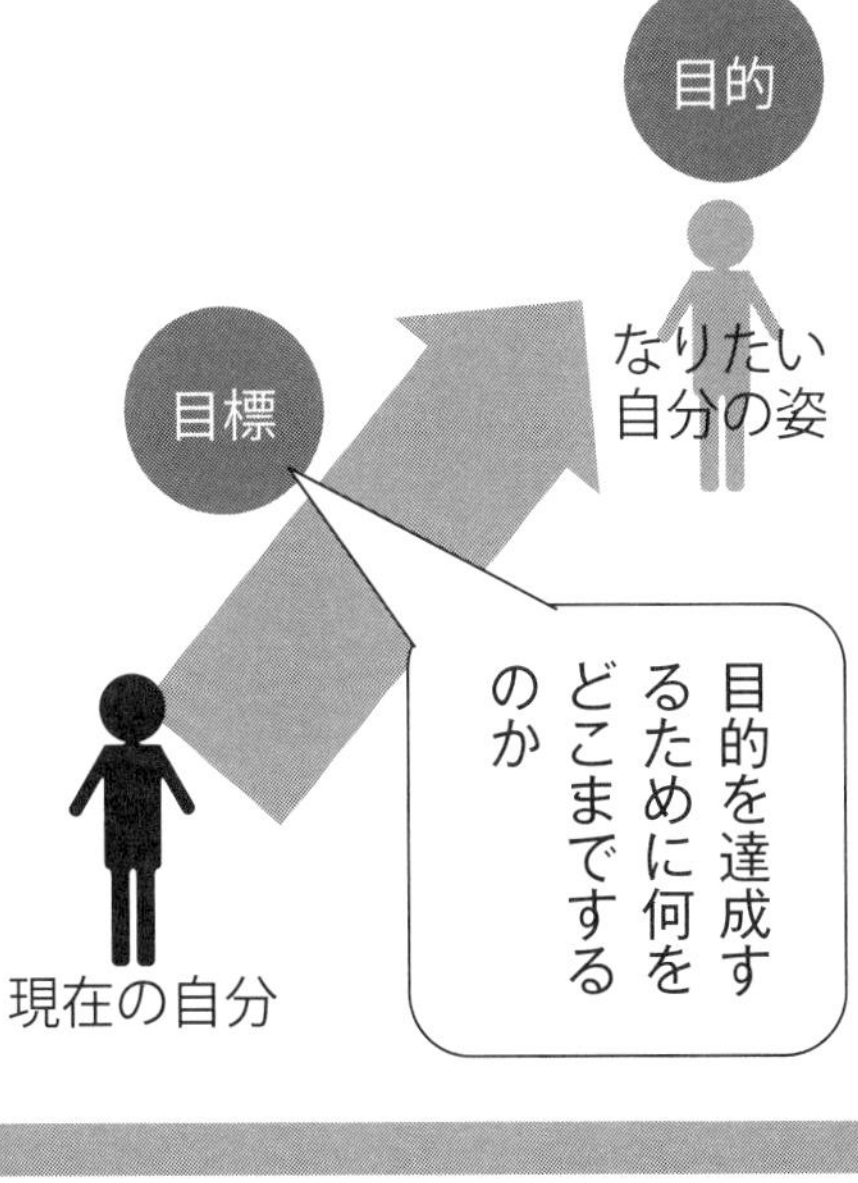

目的
なりたい自分の姿
目標
目的を達成するために何をどこまでするのか
現在の自分

子どもが動くコーチングのポイント

目的と目標の両方を意識する

chapter 4 子どものチャレンジに寄り添う

Column 4

迷ったら、やってみる

先日、ある先生が職員室で訴えていました。「私は、迷った場合は止めることにしている」とのことでした。皆さんはいかがでしょうか？　私は反対に「迷ったら、やってみる」ということを信条にしています。

本屋さんに行ったとき、目に留まった本がありますよね。そして「まあいいか、次にきたときに買おうかな」と思い、買わずに帰ったことはありませんか？　あとで、やっぱり読みたいなと思い、本屋さんに戻るともう売り切れていた。なんて経験したことがあるでしょう。それが新刊ならば、注文さえすれば手に入りますが、古本や限定品の衣類であったらどうでしょうか？　手に入れるのは、困難です。

多くの人が言います。

「人生でもっとも後悔することは、やってみてうまくいかなかったことではなく、やることに足踏みしてしまったことだ」と。

やってみてうまくいかなかったことは、自分であきらめもつきます。新しい道も見えてきます。でも、やらなくて実現しなかったことは、あきらめきれず、後追いばかりをします。前には進みません。だから、迷ったらやってみる。多少、お金のかかることもありますが、そんなものは後でいくらでも取り返すことができます。大切なことは、やりたいと思ったら、失敗するかも知れないが、前に進むことです。

ただし、すべてのリスクは自分で背負う覚悟は必要です。それが、自分らしく生きることだと思ってます。

Chapter 5

見えない力を活用する

見えない力が、ときとして大きく
子どもを動かすことがあります。
成長しようとする子どもの行動を
さりげなく支えてみましょう。

Coaching

36

「できる」と口に出せば、自信が湧き、前向きになります。

以前、私がある中学校に赴任したとき、四二・一九五kmのチャレンジウォーキングを企画しました。会議では、「それはおもしろそうだね。でもできない」と、肯定的に見られても、結局は却下されました。「事故にあったらどうする?」とか「トイレはどうする?」などの心配をし、周囲はしきりに企画をつぶそうとしました。

「なぜだろう?」と考えてみたところ、周囲の人は、「前例のないことをしたくない」ことに気づきました。

つまり、自分の仕事や立場を変えたくなかったのです。それ

が不安だったのです。自信がもてなかったのです。

多くの人は（子どもも）結局は今のままの自分でいることが安心で、新しい自分になりたくはないのです。

そこで、「必ずできる」と口に出させてしまいましょう。日本では古来より、**言霊《ことだま》**（言葉には霊的な力が宿る）という考え方があります。**「できる」という前向きな言葉を口に出すことが、不平不満の人生からやる気の人生に変わります。**

先のチャレンジウォーキングですが「必ずできます」と公言しました。すると賛同者もでき、企画も通り、意識は「いかに成功させるか」に変わりました。もちろん大成功でした。

「有言実行」という四字熟語もありますが、世の中に公言して力に変えている人もいます。

子どもが動く
コーチングの
ポイント

「できる」と口にしてしまうと、できる。

Coaching

37

一日の自分を振り返り、自分の身の周りを片づけさせよう。

机やロッカーが汚いとやる気が湧きません。それは、机の上と心の中の構造が同じだからです。どんな人でも、心に余裕がなくなると、どうも「机の上の空間」も小さくなるようです。

さて、子どもの心はどうでしょうか？

机やロッカーが秩序なく散らかっていたら、それが子どもの「今の心の中の状態そのもの」と言っても過言ではないと思っています。整理整頓は早めにやりさえすれば五分ほどでほぼ片づきます。それを、放っておくとどんどん「ゴミの山」状態になり、下の方に何が潜んでいるかわからない状態になります。

1
机の中がきれい
2
ロッカーの中もきれい

理想は、とにかく「すべてにおいて、定位置を決めて戻す」ことをやればいいのです。もし、それができなくても、せめて一日の最後はきちんと片づけさせるようにしたいです。そして、この片づけ作業は、即「翌日の準備」にもなっています。

また、「なんとなくやる気がしない」とか「どうも机につくと勉強する気がなくなる」というような子どもは、間違いなく机の上が乱雑です。

勉強を始める前に、机の上の整理整頓がまず第一です。このことは習慣にすることができます。整理整頓も習慣、乱雑にし続けるのも習慣です。子どもには、どちらを習慣にさせたらよいのか、議論の余地はありません。

子どもが動く
コーチングの
ポイント

机・ロッカーを整理整頓して一日を終わらせよう。

どう？
片づけ
できたかな？
3
先生、
きれいに
なって
気持ちいいです
4

Coaching

38

血液型診断も使いようです。

日本人は占いが大好きです。または、血液型で性格の一面がわかると信じています。

しかし、欧米では血液型ではまったく性格判断をしていません。それは、血液型と性格との因果関係はほとんど明らかになっていないからです。しかしながら、どうして血液型診断で「性格が当たっている」と感じてしまうのでしょうか？

その答えは、血液型で自分に**暗示**をかけてしまうからです。

そこで、血液型を利用して子どもを動かすのはどうでしょうか？

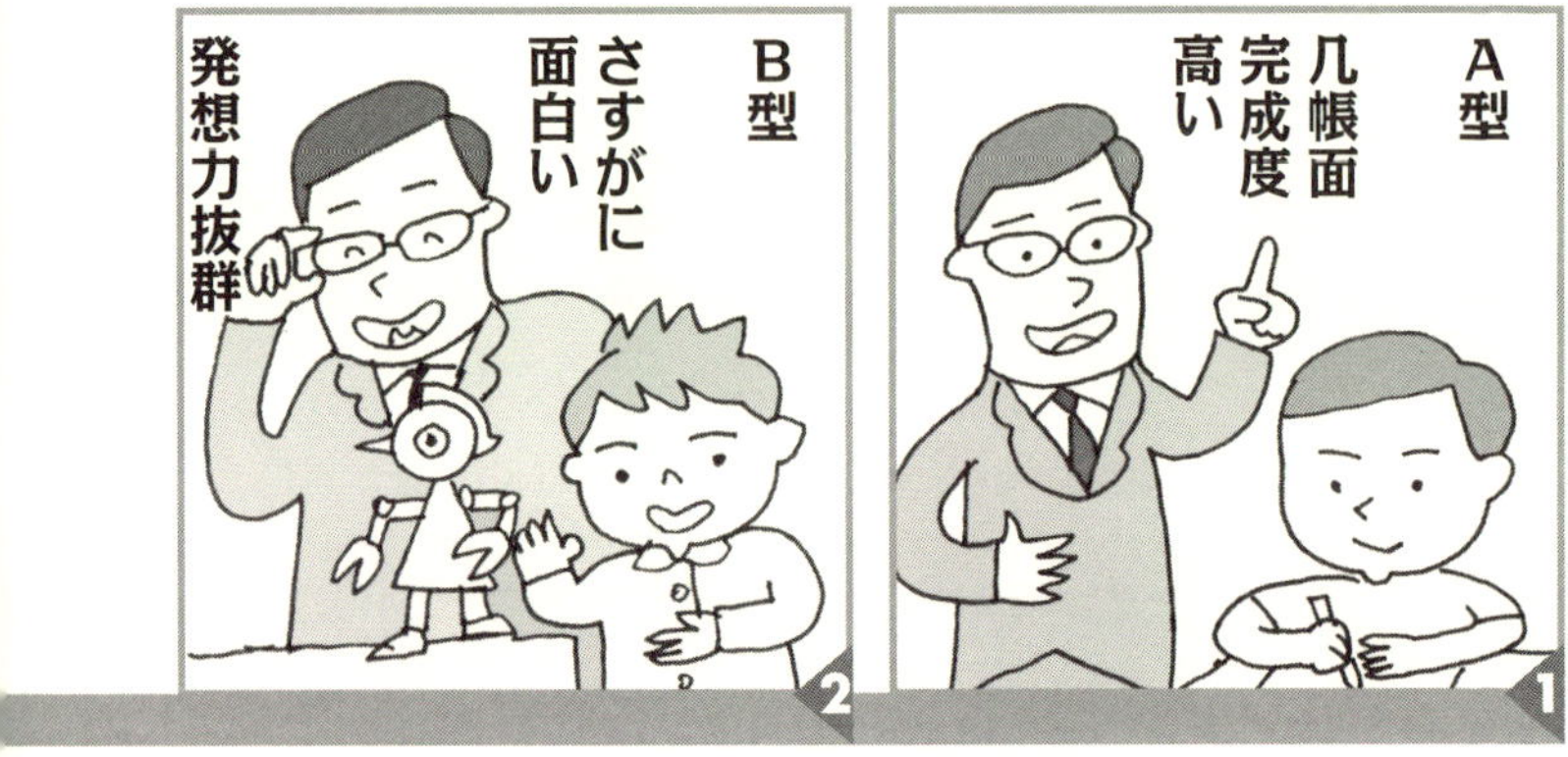
1
A型
几帳面
完成度
高い
2
B型
さすがに
面白い
発想力抜群

たとえば、A型の子どもは「几帳面である」と思い込んでいる傾向にあります。

そこで、この暗示を逆に使い「A型だから、几帳面な性格できれい好きなのね」と言葉かけをしてうまく行動を起こさせることもできます。

子どもたちへの「血液型勉強励まし法」を紹介します。

A型…責任感、確実性が高いので、教師からプラスのプレッシャーを与えることができます。O型…情け深いところがあるので、心にしみる言葉で応援します。AB型…理論派なので、理詰めで説明し納得させることがポイントです。最後にB型…これは作戦なしで、かける言葉としては、「好きにやりなさい」ですが、行き過ぎのないように見守ることです。

子どもが動くコーチングのポイント

血液型を利用し暗示をかける。

AB型
夢をしっかりもっている
3
O型
逆境に強い
4

Coaching
39

子どもの好きな色から、行動様式を予想してみよう。

最近は色彩心理学を応用したカラーセラピーやカラーコーチングが盛んに研究されています。

そして、子どもの好きな色を活用して子どもを元気にすることができます。たとえば、子どもが毎日着てくる服には、共通点があります。それを見ていると好きな色がわかります（もちろん、直接聞いてもかまいませんが……）。

子どもの好きな色は子どもの心理に深く関係しています。色は子どもの心を映す鏡と言われています。なんとなく選んだ色も、意識して選んだ色も、**すべて子どもの必要な色エネルギー**

赤	激情、攻撃などを表す色 望みを叶えようとする行動派。
橙	活発、喜びなどを表す色 精力的で放漫。
黄	明朗、快活を表す色 野心家だが、勤勉。
緑	優越感、自負心を表す色 堅実で我慢強い。

なのです。

スイスの心理学者ルッシャーは、赤、橙、黄、緑、青、紫、白、黒の八色のカードの中から好きな色のカードを選ばせる実験をしました。その結果、選んだ好みの色が、その人の性格的な特徴を表すようです（下表）。

ただ、注意しなければならないのは、色の好みは徐々に変わったり、男女の違いや、その日の気分に左右されることもあることです。気分が変わるように心身の状態も変化します。それと同時に必要な色エネルギーも変わってくるのです。あくまでも、参考ですが子どもの特徴を知るには役に立ちます。

非言語による雰囲気づくりとして先生の服装のカラーリングや教室掲示などで、応用もできます。

青	落ち着き、物静かさを表す色 感情の起伏が小さい。
紫	瞑想的、神秘性を表す色 感受性が強いロマンチスト。
白	純粋、すがすがしさを表す色 冷たい一面をもつ。
黒	拒否、放棄を表す色 協調性に欠ける。

（匠　英一『これだけは知っておきたい「心理学」の基本と実践テクニック』フォレスト出版、2008を基に筆者作成）

子どもが動くコーチングのポイント

好きな色で子どもを理解する。

Coaching

40

目に見えない心を見抜く方法があります。

子どもを動かすには、子どもの心を見抜くことです。しかし、会話を聞くだけではなかなか本当の心はわかりません。

そこで、心を他のものに投影して見抜く**投影法**があります。投影法は、「ロールシャッハ・テスト」や「バウムテスト」などを思い浮かべると思いますが、ここではもう少し気楽に考え、子どもの心を直接聞こうという方法ではなく、**別のものを使ってワンクッションおいてから、気持ちを感じ取ろうとする**ことです。

たとえば、「今の学校で何が楽しいの？」という聞き方ではなかなか本当のことを言いにくいこともあります。そこで、「君は、最近はどんなテレビ番組が好きなの？」と聞いてみます。テレビのことなら、何も差しさわりがないので、いろいろな思いを教えてくれます。好きな番組や嫌いな番組のことを教えてくれます。その話の中から、子どものもっている価値観がおおよそ予想できるはずです。

たとえば、お笑い系のタレントが出演する番組が好きなのであれば、人を楽しませることに興味があったり、人目につきたいことがしたいのかもしれません。また、野生の動物番組が好きであったら、もう少しゆったりと自由に過ごしたいと感じているかもしれません。

子どもが動くコーチングのポイント

子どもの心を投影したものを観察して理解する。

この子は
ダンスが
好きなのかも
3

学芸会
イキイキ！
4

Column 5

当たり前のことを、バカにしないで、ちゃんと、できる

以前、長崎県サッカー協会会長で、もと国見高校サッカー部監督だった小嶺忠敏さんのお話を聞いたことがあります。私は感動して、学級経営の指針として「ABCDの法則」を何度も採用しました。

このABCDの法則とは

A 当たり前のことを
B バカにしないで
C ちゃんと
D できる

の頭文字をとったものです。

小嶺忠敏さんは次のように言われました。

「サッカーがうまくなるためには、まず"挨拶、返事、後片づけ"がしっかりできることだ」「"挨拶、返事、後片づけ"は、能力に関係なく、誰でもやろうと思えばできることです。だからこそ、"挨拶、返事、後片づけ"という当たり前のことができずして、その他のことがきちんとできるはずがない。したがって、サッカーが上達するはずがない」。

また、メジャーリーガーのイチロー選手は、勝った試合でも、負けた試合でも試合が終わってロッカールームに帰ってくると、必ずグローブの手入れをするそうです。多くのメジャーリーガーがうまくいかなかったときに、バットをたたきつけるシーンを見ますが、もちろんイチローは、道具にあたることはなかったそうです。

自分は何をしたらいいのかわからない、どうもやる気が湧かないという子どもは、間違いなくこの当たり前のことができていません。ABCDの法則を学校・学級運営の基盤としたいです。

Chapter 6

言葉のはたらきを意識する

言葉は諸刃の剣です。
言葉のよいはたらきを
しっかりと意識して使うことで、
子どもは生まれ変わるはずです。

Coaching

41

日常はマイナス言葉ばかりあふれています。

私たちは日常的にマイナス言葉にさらされています。

マイナス言葉とは「無理」「無駄」「バカ」「失敗」「やばい」「どうしようもない」「最悪」「きもい」「うざい」「死ね」「やっても仕方ない」……。

子どもたちは、日常的にテレビや新聞、雑誌などからマイナス言葉のシャワーを浴びています。アメリカの心理学者シャド・ヘルムステッターによると普通の家庭で育った子どもは二〇年間でマイナス言葉は一四万八千回聞き、プラス言葉はその一〇分の一だそうです。マイナス言葉は平均すると一日二〇回位

です。それに比べて、プラス言葉は一日二回しかありません。差し引きすると、一日当たり一八回はマイナス言葉を多く聞いているのです。毎日、一八回も余分にマイナス言葉を聞いていて、子どものモチベーションは高まるのでしょうか？

世の中の多くの著名人が、「『ツイてる』と言い続けると、ツイてることが起こりますよ」とか「『感謝、ありがとう』を口にすれば幸せが訪れますよ」と言われているのはこのような理由があるからです。

子どもに「やればできる」「努力」「楽しい」「自信がある」「成功」「可能性」「夢は叶う」「愛している」……**マイナス言葉をプラス言葉に変えさせる**ことで、やる気のスイッチも入ります。

子どもが動くコーチングのポイント

プラス言葉を一日一八回以上口に出させよう。

Coaching

42

世界で一番のプラス言葉は何でしょう？

世界で一番のプラス言葉を知っていますか？

「ありがとう」「感謝」「愛」などと答える人が多いようです。もちろん、それらもプラス言葉です。しかし、もっとプラスの言葉があります。それは「自分の名前」です。それは、子どもは一番よく耳にする言葉であり、一番よく見たり、聞いたり、書いたりする言葉です。

小学校に入学すると、一番最初に名前を書けるようにします。**「名は体を表す」**という諺もありますが、その意味は「名はその実体がどのようなものかを示している。名と実体はうま

おはよう、
ゆうくん
きれいな
字だね、
ゆうくん

く合っている」（広辞苑第五版）です。名というのは単にものを呼ぶときに使われるのだけでなく、命を育んでいるともいえるでしょう。

だから、どんなときでも**名前を使って声かけをしましょう。**

「○○君、おはようございます」

「○○さん、今日はきれいに書けているね」

「○○君、廊下を走ったらいけませんよ」

「すごい、○○君の作品は今日のが一番にいいぞ」

いかがでしょうか？　名前があるのとないのでは、気持ちの伝わり方がまったく違います。それだけで、認めてもらえているという実感が伝わってきます。

子どもが動くコーチングのポイント

会話の中に名前を入れよう。

3
すごい作品だね、ゆうくん
4
僕は、やるんだ！

Coaching

43

ほっとする声かけが情緒を安定させます。

サッカーや野球の応援を聞いているといろいろな言葉が飛び交います。

「まだまだ！」「がんばれるぞ！」「あきらめるな！」「もっとやれる！」などです。もちろん応援している方もわる気はなく真剣に応援していますが、受け手の方は必ずしも前向きにばかりにとらえてくれるとは限りません。中には「あきらめるな！」なんて言われると、反対に叱られているように感じてしまう子どももいるでしょう。

日本には叱咤激励という言葉があって、最初が肝心とばか

り、ガンガンと厳しく指導するという風土もあります。もちろん、このような声かけがすべてわるいと言っているのではありませんが、このような指導をされる先生がかなりおられるということです。

そこで、せめて一人くらい「いいぞ」「もうちょっと」「がんばっているよね」「無理しないでいいんだ」といった**ほっとするような声かけ**をする教師がいたらいかがでしょうか。

人は懸命に仕事をこなしたり、目標に向かってノルマを果たしたときなどに、それを自分や周りから認められ、それを回顧するようなときにほっとします。ですから、子どもの一生懸命に対して味方になってあげ、努力を承認してあげればほっとできるのではないでしょうか？

子どもが動くコーチングのポイント

ほっとするような声かけをしよう。

Coaching

44

ほんのちょっとした言葉遣いで、子どもの気持ちは変わります。

子どもの気持ちや態度を変えようとする場合、ほんの一言の言葉の違いが気持ちを変えることがよくあります。

たとえば、教師は「しかし」という接続詞を使って話をすることが多いです。

「○○君、最近は宿題を忘れずに偉いね。しかし、ノートの文字をもう少していねいに書かないといけないなぁ……」のようにです。どうも、子どもの否定的な面が大きく見えてしまいます。その結果、早く修正したいという思いから、「しかし、……（矯正の言葉）」になりがちです。

これを、次のような言い方に変えてみたらいかがでしょうか？

「○○君、最近は宿題を忘れずに偉いね。そして、さらにノートの文字がていねいに書けると成績も上がると思うよ……」。つまり、まず事実は事実として受け止めます。「そして、……（もっとよくなる提案）」をしてみてはいかがでしょうか？

二つの言い方を比べてみて、まったく同じ内容にもかかわらず、**接続詞の違い（逆接と順接）**だけで伝わり方がまったく変わってきます。たったこれだけのことで、子どもの受け取り方がまったく違ってきます。大切なことは、子どもにどのように伝わったかどうかです。

子どもが動くコーチングのポイント

「しかし」を「そして」に変えてみる。

「しかし」
じゃなくて
「そして」
3
次の日
山田の子
5+2=7
2+8=10
8-2=6
3+2=5
3+2=5
7-2=5
よくできてる
そして文字もきれい
4

Column 6

脳は「イメージ」と「現実」が区別できない

人間の脳は、簡単に言うと、古い脳と新しい脳の二種類にわけられます。古い脳は生命を維持したり体をコントロールするものです。それに対して新しい脳は考えたり、判断したり、記憶したりする脳です。そして、この二つの脳はまったく異なるはたらきをしていて、共通点がないそうです。

唯一、この二つの脳を結びつけているものが「イメージ」です。

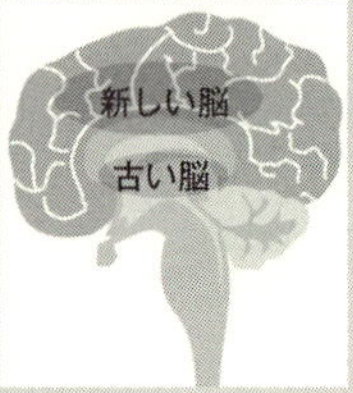

新しい脳が、見たり、聞いたり、考えたりすることで、イメージを頭の中にもちます。そして、そのイメージを受け止め、反映させるのが古い脳なのです。

たとえば、梅干やレモンを実際に見ないで思い出すだけで、唾液が出てきたりしますね。また、好きな人が目の前にいなくても、考えるだけで、胸が高まってどきどきしたりすることもあります。

つまり、実際に起こっていないことでも、脳はイメージすることで、勝手に体が動き出してしまうはたらきをもっています。

ですから、悲しいことや苦しいことばかりを考えたり想像していると、不安や苦痛が体の変調になって現れてくるのです。

つまり、起こりもしないことで、くよくよ悩んだり、先のことを心配するのは逆効果であるということです。反対に、楽しいこと、うれしいことを考えていると、古い脳はそれに反応して、体を元気にしてくれます。

Chapter 7

教師の生き方が子どもを動かす

教師の姿勢や生き方が、子どもに大きな影響を与えます。
子どもを動かす名コーチになるために何が欠かせないのでしょうか。

Coaching

45

子どもは教師の態度を敏感に感じ取ります。

教師が「『子どもによって態度を変えない』なんて当たり前だ」と思いますね。その通りです。でも、意外にできていないようです。

さらに、教師の方はそのことに気がついていないことがあります。

子どもによっては、「先生！　先生！」とまとわりつく子どもがいます。反対に、少し距離をとって様子をうかがっている子どももいます。教師も人間ですので、お気に入りの子どもや、どうも苦手な子どももいるでしょう。しかし、子どもは敏

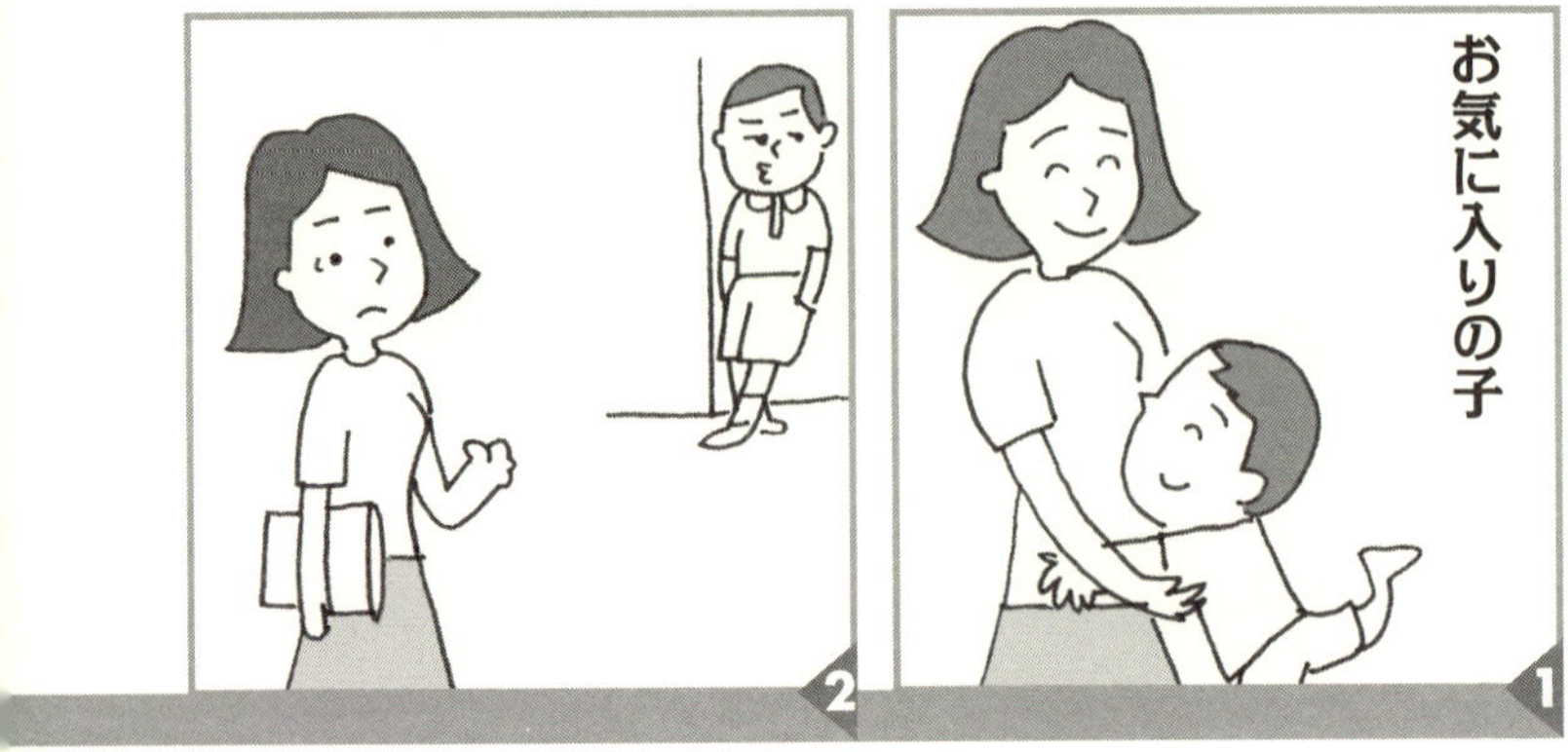

感にそれを感じ取ります。

教師にとって苦手な子どもにも必ず長所はあるはずです。そして、その子どもとうまくコミュニケーションを取っている達人教師もいるはずです。自分の気持ちを悟られず、そういう人から接し方を学ぶことも大切です。

一般的に見て、**達人教師は非言語の動作によるコミュニケーションが上手です。**「話のテンポはどうか?」「声の高さ、大きさはどうか?」「呼吸の速さはどうか?」「顔の表情はどうか?」「体の動作はどうしているか?」「姿勢はどのようにしているか?」……などを分析するとかなり勉強になります。まず、そのような達人教師を真似してみてください。そして、子どもには、教師の苦手な感情を読み取られないようにしたいです。

子どもが動くコーチングのポイント

上手にコミュニケーションを取っている達人教師から学ぼう。

Coaching

46

学ぶことは、真似《まね》ぶことです。

日本の武道には昔から、**「守・破・離」**という考え方があります。

守・破・離とは、武道や芸能などの世界でよく使われる言葉です。ものごとを習得するには、**まず教えを「守」り、次に「破」り、最後に「離」れていく段階があります。**

簡単に説明すると、最初の段階では、指導者の教えを守る。できるだけ多くの話を聞き、指導者の行動を見習って、指導者の価値観を自分のものにしていく。すべてを習得できたと感じるまでは、指導者の指導の通りの行動をする。

次の段階で、指導者の話を守るだけではなく、破る行為をし

日本には「守」「破」「離」の考え方がある
1
「守」まず真似をする
美
美
2

てみる。自分独自に工夫して、指導者の話になかった方法を試してみる。

最後の段階では、指導者のもとから離れて、自分自身で学んだ内容をさらに発展させる。

平たく言えば、まず、真似をして、次に自分のオリジナルを混ぜてみて、最後に、新しいものをつくっていくということです。

たとえば、勉強の仕方もそうです。まず、教師の経験からいいと思ったことをさせてみる（守）。そしたら、次に、オリジナリティーを出すために、新しい工夫を考えさせてみる（破）。そして、最終的に、自分にあった学習法に落ちつく（離）。

子どもが動くコーチングのポイント

ものごとを習得させるために まずは、真似をさせる。

「破」 オリジナルを加える

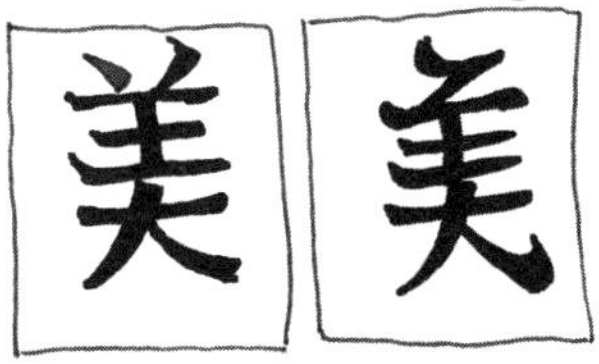

3

「離」 新しいものにする

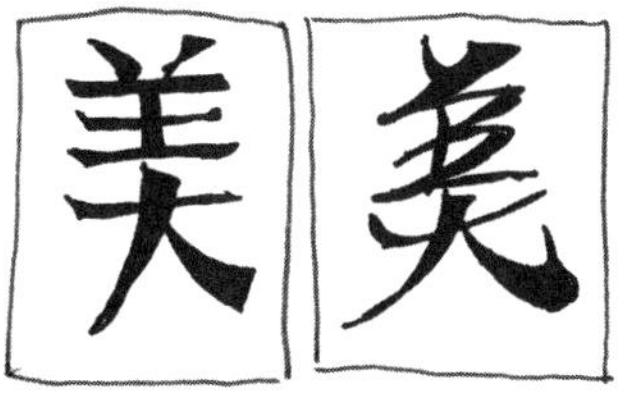

4

Coaching

47

有能な選手がよいコーチとは限りません。

コーチングには大原則があります。それは**「答えは子ども自身がもっている」ということです。**

たとえば「有能な選手は、引退後必ずしもよいコーチにはなれない」ということがよく言われるのを聞いたことがあるでしょうか。選手時代、すぐれた才能を発揮した人は、コーチになると、選手に自分のやり方を押しつけようとし、選手がうまくやれないと、「どうしてこんな簡単なことがうまくやれないのか」と叱り飛ばすことがあります。だが、選手にはそれぞれ、自分なりのやり方がありります。

逆に、選手時代あまり才能があるとは思われず、それでも苦労して、基本を一生懸命にマスターして選手の地位を獲得したような人は、いったんコーチになると、能力が伸び悩んでいる選手の気持ちをよくわかってやることができ、しかも、基本をよく勉強しているだけに、自分のやり方を選手に押しつけるという指導ではなく、基本に照らした指導をうまく採っていけるので、指導の成果があがります。

もちろん、すべてのことを子ども自身に考えさせて決めさせなさいと言っているわけではありません。**子どもの成長にあわせて、考えさせる場を増やしていってほしいということです。**

特にやる気やモチベーションのような情緒面、上達のためのアイデアには、**考えさせる場**が不可欠です。

子どもが動くコーチングのポイント

子どもに自分なりのやり方を考えさせよう。

視線をどこにおくか考えて走ったらいいよ
3

やった！一位だ！
4

Coaching

48

笑いは理解を深め、場を和ませます。

授業名人と呼ばれる教師の多くは、落語やお笑いを研究している人が多いようです。それはなぜでしょう？

日本の家庭や学校には、西洋に比べるとユーモアのセンスが少ないように思われます。学校でもまじめさが求められる風土があり、ちょっとふざけると「いいかげんにしなさい」と叱られる場面も多いでしょう（アメリカ人であったら、ジョークの一つも言えなければ失格の烙印を押されてしまうでしょうが）。

そこで、日本の子どもたちにも、少しばかり**ユーモアのセンスをもたせたらよい**と思います。もっともっと高いレベルにい

1
まじめな子たち
2
なんか、疲れるな～

く子どもは、自分のことをお笑い芸人のように笑い飛ばせることができるような楽天家の発想ができます。

自分を笑い飛ばせるようになるには、自分を客観的に見る目が必要です。笑いは理解が深くないと起こらないからです。さらに、笑いを提供するだけで、周りの人も和み、心の平穏も保てます。

授業の中でも同じことが言えます。活気があり、理解度も高く、主体的に子どもがよく発言するような授業は、授業の中にある種の「笑い」があります。笑いというのは、疲れた心も癒しエネルギーをふたたび高め、ストレスと緊張を解きほぐしてくれます。人間だけに与えられた才能なのです。

子どもが動く
コーチングの
ポイント

自分を笑い飛ばせるほど、自分を好きになろう。

Coaching

49

子どもの感情を言葉に出させ、じっくり聴いてあげましょう。

子どもは、どんなに幸せそうに見えても、問題を一つか二つ、常にもっています。しかし、その問題を心の中に溜め込んでしまい、感情を出したがらないことがあります。

つらいこと、嫌なこと、悲しいことを自分の中に溜め込んでしまうと、身動きが取れなくなってしまいます。そして、体中の筋肉がこわばって体を動かすのがおっくうになり、外出するのも嫌になることもあります。

そうならないためには、誰かに話を聞いてもらうことです。話を聞いてくれるのであれば、友人でも家族でも誰でもいいの

です。

とにかく、自分の話したいことや感情を全部言葉にして、声に出してしまいます。そうしてしゃべっていると、体がどんどん軽くなります。子どもの心の鎧を溶けさせたからです。

コーチングやカウンセリングでは、子どもの話を聞く場合、普通は「聴く」という漢字を使います。これは、**傾聴**を意味しています。ただ単に話を聴くというレベルではなく**「関心をもって心で聴く」**ということです。それには、子どもの話を最後まで聴く姿勢や、聴くときには「相づち」や「うなづき」をきちんと行い、「私はあなたの話をきちんと聴いていますよ」という反応を返さないといけません。子どもは聴いてもらえたという実感がほしいのです。

子どもが動くコーチングのポイント

子どもの話を傾聴することこそ、行動の妨げを取り払う最善の方法です。

3
え〜と、先生、僕ね……
そうなのね、いつでも聴くよ
4
先生が話を聴いてくれた！
明日もがんばる！

Coaching

50

「情熱」のある教師のもとには、「情熱」のある子どもが集まります。

鏡の法則というものを聞いたことがあると思います。この世の中の構造は実にシンプルです。

「笑顔」の人には、「笑顔」な人が集まります。

「元気」な人には、「元気」な人が集まります。

「情熱」のある人には、「情熱」のある人が集まります。

子どもを、行動的にしたいと考えるのであれば、実は答えはいたって簡単です。まず**教師が行動的になる**のです。行動を起こすことは、不安になるし、恐怖を感じたりします。失敗して恥をかいたりすることを想像することもあるでしょう。しか

し、この不安や恐怖があることが人生なのです。

どうしたら、教師が情熱をもち、この情熱が伝わるのでしょうか？

それは、教師自身も安心領域から抜け出して、変化や冒険を楽しむことです。今一度「なぜ教育に携わっているのか？」「いったい教育を通して何がしたいのか？」「人生の役割はなんなのか？」「どのように社会貢献したいのか？」を初心にもどって自問自答してください。それには、不安、恐れが湧いてくるかもしれませんが、それは成長するために必要なことなのです。そして、そこに情熱が必要なのです。

情熱は教師から子どもに伝播していきます。

子どもが動くコーチングのポイント

Live with Passion! 情熱をもって生きよう！

Column 7

今すぐ夢が叶う秘訣……「ふりをする(Fake it !)」

「授業技術が一流の先生になりたい」という夢を抱いている先生がいます。私に言わせれば、何を迷っているのでしょうか？　今すぐ、この瞬間にそうなればいいんです。

「えっ！　そんな……無理」なんて言わないで。この瞬間になれるんです。

その秘訣は、「ふりをする」……「Fake it ！」です。

あなたの考える上手な授業は、いったいなんでしょう？

・子どもの意見をよく聞いて取り上げる
・目標と目的が明確になっている授業
・子どもの考えやすい教材・教具が準備してある授業
・発問が明確である授業

などいろいろ考えられるでしょう。だから、明日からそれをやればいいだけのことです。

おそらく、この先生のようになりたいなというようなモデルがあるでしょう。その先生の真似をするんです。

どんな言葉遣いをしていますか？　どんな教材研究をしていますか？　どんな本を読んでいますか？　朝何時に出勤し、何時に帰宅しますか？　日中は子どもとどんな会話をしていますか？　職員室では何をしていますか？　どんな服装をしていますか？　……。

それを真似ればいいのです。その瞬間から、その先生と同じレベルに立てるのです。一流の先生になるまで、ふりをし続ければ、時間とともに実現します。

おわりに

多湖　輝先生を知った学生時代

私は、学生時代数学を専攻しました。多湖　輝先生の『頭の体操』シリーズが大好きだったからです。しかし、私にとって多湖先生は頭の体操の先生というよりも、心理学者でした。

実は、ここに古いカセットテープがあります。

「多湖先生が直接指導　合格のための自己暗示術――〝6つのキーワード〟でやる気・自信がモリモリわいてくる――」（ごま書房、一九八八）

このカセットは、A面二一分、B面二一分でできています。今までに何千回聞いたでしょうか？六つのキーワードには「こんなことは何でもない」『気になることは何もない』『気持ちが落ちついている』『私は絶対に合格する』『私はデキる』『がんばるぞ』です。多湖先生の、カセットの声にあわせて何千回と繰り返し声を出しました。多湖先生の声は脳裏に焼きついています。私の学生時代を下支えしていたのは、お会いすることもなかった多湖先生のカセットからの声でした。

貧しかった私の少年時代

私は愛知県の農村地帯の貧しい家に生まれました。父は大酒飲みで仕事もせずに毎日ぶらぶらしていました。家は生活保護を受け、テレビも電話も自動車もなく、食べるものも着るものも不自由していました。そのような環境で育った私は、自己イメージの低い、世間を恨むような人間でした。

そして、その中から、立ち直ってきたのは、多湖先生のお言葉によるものでした。そして、それから出発点に学び、自分自身でも実践し、役に立ってきたものをまとめたのが本書なのです。

知識やノウハウを世の中に伝える

私が希望をもって教員になったときは、学校内に暴力があふれていました。竹刀をもった教師も珍しくありませんでした。教師を辞めようと何度思ったことでしょうか？　そんなときにコーチングに出会いました。それは、まさに「目からうろこ」でした。そのときから私の人生観が一八〇度変わりました。自己イメージの低い自分から、毎日ウキウキ生活できる自分になりました。いろいろな人との出会いが増え、経済的にも豊かになりました。家族関係もよくなりました。

そして、「こんなふうに生きれば幸せになれるんだ」という知恵を身につけました。さらに、この知恵を自分一人がもっていても「もったいない」と思うようになりました。

世の中のすべての人に「愛と感動」をお届けしたい

私が夢を実現できたのは、先人たちの失敗と成功を繰り返してきた知識や経験を学んだからです。そして、現在では、それを次の時代に伝えていくことが、私自身の最高の喜びと感じ、人生に対する恩返しと感じています。

私は、この本を読んでくださったあなた自身が幸せになること、あなたの大切な家族や子どもたちが幸せになること、世の中が幸せに満たされることを心から願っています。

最後になりましたが、私の着想やわがままを具現化していただいた金子書房編集部の鎌田光輝様、また、温もりあふれるイラストを描いていただいたデザイナーの吉林　優様に心から感謝いたします。

神谷和宏（かみや　かずひろ）
1960年生まれ。教育コーチ。心理カウンセラー。愛知教育大学数学教室を卒業後、教師になる。現在、愛知県刈谷市立朝日中学校教諭。個に応じた指導のあり方を研究し、体験的な活動を取り入れた授業で第四五回読売教育賞受賞。コーチングの専門機関で学び、コーチとなる。同時に、カウンセリングやＮＬＰなどを学ぶ。現在、全国の教育関係諸機関、学校、ＰＴＡ、看護学校、病院、障害者施設など、人材育成を中心とする団体で研修会を実施している。「すべての人に愛と感動を呼び起こす」を信条として、コーチングを中心として夢の実現を応援している。

●ホームページ　［コーチング 神谷和宏］［検索］
http://www.katch.ne.jp/~k-kami/
●Eメール　akh3406@hotmail.com

マンガ・装丁　吉林　優

教師のための
子どもが動く！コーチング50

2012年 5 月28日　初版第1刷発行
2019年 3 月 7 日　初版第5刷発行

著　者　神谷和宏
発行者　金子紀子
発行所　株式会社　金子書房
〒112-0012　東京都文京区大塚3-3-7
電話　03（3941）0111（代）　FAX 03（3941）0163
振替　00180-9-103376
ホームページ　http://www.kanekoshobo.co.jp
印　刷　藤原印刷株式会社　　製　本　株式会社宮製本所

ISBN978-4-7608-2368-0　C3037　Printed in Japan